I0536504

BESTACTIVITYBOOKS.COM

PREMIERE ÉDITION

Dépôt légal, 2022

Illustration Graphique Extra: www.freepik.com
Merci à Alekksall, Starline, Pch.vector, Rawpixel.com, Vectorpocket, Dgim-studio, Upklyak, Macrovector, Stockgiu, Pikisuperstar & Freepik.com Designers

5 ASTUCES POUR DÉMARRER !

1) COMMENT RÉSOUDRE LES MOTS MÊLÉS

Les puzzles sont dans un format classique :

- Les mots sont cachés sans espaces, tirets, ...
- Orientation : Les mots peuvent être écrits en avant, en arrière, vers le haut, vers le bas ou en diagonale (ils peuvent être inversés).
- Les mots peuvent se chevaucher ou se croiser.

2) UN APPRENTISSAGE ACTIF

Un espace est prévu à côté de chaque mots pour noter la traduction. Pour favoriser un apprentissage actif un **DICTIONNAIRE** à la fin de cette édition vous permettra de vérifier et étendre vos connaissances. Cherchez et notez les traductions, trouvez-les dans le Puzzle et ajoutez-les à votre vocabulaire !

3) MARQUEZ LES MOTS

Vous pouvez inventer votre propre système de marquage. Peut-être en utilisez-vous déjà un ? Sinon, vous pourriez, par exemple, marquer les mots qui ont été difficiles à trouver d'une croix, ceux que vous avez aimés d'une étoile, les mots nouveaux d'un triangle, les mots rares d'un diamant, etc...

4) STRUCTUREZ VOTRE APPRENTISSAGE

Cette édition vous offre un **CARNET DE NOTES** très pratique à la fin du livre. En vacances ou en voyage ou à la maison, vous pouvez facilement organiser vos nouvelles connaissances sans avoir besoin d'un second bloc-notes !

5) VOUS AVEZ FINI TOUTES LES GRILLES ?

Allez à la section bonus **CHALLENGE FINAL** pour trouver un jeu gratuit à la fin de cette édition !

Simple et Rapide ! Découvrez notre collection de livres d'activités pour votre prochain moment de détente et **d'apprentissage**, à juste un clic de distance !

Trouvez votre prochain défi sur :

BestActivityBooks.com/MonProchainLivre

À vos marques, prêts... Partez !

Saviez-vous qu'il existe environ 7 000 langues différentes dans le monde ? Les mots sont précieux.

Nous aimons les langues et avons travaillé dur pour créer les livres de la plus haute qualité pour vous. Nos ingrédients ?

Une sélection des thématiques d'apprentissage adaptée, trois belles parts de divertissement, puis nous ajoutons une cuillère de mots difficiles et une pincée de mots rares. Nous les servons avec soin et un maximum de plaisir pour vous permettre de résoudre les meilleurs jeux de mots mêlés qui soient et d'apprendre en vous amusant !

Votre avis est essentiel. Vous pouvez participer activement au succès de ce livre en nous laissant un commentaire. Nous aimerions vraiment savoir ce que vous avez préféré dans cette édition !

Voici un lien rapide qui vous mènera à la page d'évaluation de vos commandes :

BestBooksActivity.com/Avis50

Merci pour votre aide et amusez-vous bien !

De la part de toute l'équipe

1 - Adjectifs #2

T	H	Ú	V	Ị	V	M	M	C	L	Y	L	T	V
Ậ	C	S	Á	N	G	T	Ạ	O	D	N	H	Ự	Q
H	Ị	Ã	D	G	N	A	O	H	U	C	C	N	C
T	K	T	L	L	U	Ổ	Y	H	U	Q	Ị	H	N
M	L	T	C	G	K	Y	I	N	K	T	L	I	Ă
Ớ	P	Q	V	O	T	H	B	D	G	U	H	Ê	N
I	M	G	A	D	G	H	Ỏ	Y	A	P	N	N	G
N	I	Ỡ	B	I	L	H	U	E	T	N	A	Ặ	K
O	H	M	H	H	L	Ả	L	Ầ	M	N	H	M	H
M	H	U	T	I	H	T	K	T	N	Ạ	T	V	I
Ạ	C	À	Ự	Q	Y	Ô	N	U	P	T	N	Ô	Ế
N	Ẽ	M	H	N	Ạ	M	C	M	O	C	C	H	U
H	H	A	À	B	U	Ồ	N	N	G	Ủ	Q	K	A
K	I	K	O	I	H	A	Q	V	H	H	U	M	M

THẬT
NỔI DANH
SÁNG TẠO
MÔ TẢ
NĂNG KHIẾU
KỊCH
THANH LỊCH
TỰ HÀO
MẠNH
THÚ VỊ

TỰ NHIÊN
MỚI
MÀU MỠ
MẠNH MẼ
THUẦN
KHỎE MẠNH
MẶN
HOANG DÃ
KHÔ
BUỒN NGỦ

2 - Formes

K	I	M	T	Ự	T	H	Á	P	K	H	H	G	H
H	L	Ă	N	G	O	D	D	U	O	Y	Ì	Ó	Ì
N	À	I	L	Đ	A	G	I	Á	C	P	N	C	N
I	M	N	P	U	T	C	Ạ	N	H	E	H	Á	H
B	A	Ò	G	N	D	K	D	V	K	R	T	I	C
K	V	R	B	D	G	H	N	Ó	N	B	R	G	H
K	Q	T	D	G	N	Q	D	B	O	O	Ụ	M	Ữ
R	P	G	A	C	Ầ	U	I	Ê	N	L	M	A	N
B	L	N	O	P	H	G	T	N	L	A	R	T	H
T	U	Ò	E	L	L	I	P	S	E	A	Y	Q	Ậ
U	T	V	O	D	P	T	Q	L	B	T	L	U	T
V	Ò	N	G	N	O	C	G	N	Ờ	Ư	Đ	R	V
R	M	Y	Q	U	Ả	N	G	T	R	Ư	Ờ	N	G
C	U	N	G	O	V	G	D	P	U	P	D	Q	Y

CUNG
CẠNH
QUẢNG TRƯỜNG
VÒNG TRÒN
GÓC
ĐƯỜNG CONG
NÓN
BÊN
HÌNH TRỤ
ELLIPSE
HYPERBOLA
HÀNG
ĐA GIÁC
LĂNG
KIM TỰ THÁP
HÌNH CHỮ NHẬT
VÒNG
CẦU
TAM GIÁC

3 - Force et Gravité

Y	M	L	L	Á	H	P	R	O	R	H	S	C	N
K	Ở	R	T	H	Ờ	I	G	I	A	N	Ứ	Ơ	Ă
H	R	L	Ấ	P	P	H	Ổ	U	Q	I	C	K	N
O	Ộ	L	H	M	T	C	C	T	U	T	É	H	G
Ả	N	T	C	Á	L	I	L	Ừ	Ỹ	H	P	Í	Đ
N	G	K	H	H	Q	H	Ộ	T	Đ	N	Y	P	Ộ
G	Ý	Q	N	K	D	D	Đ	Í	Ạ	À	U	T	N
C	V	L	Í	T	R	Ụ	C	N	O	H	C	Q	G
Á	R	G	T	D	A	G	Ố	H	M	P	A	D	T
C	N	L	U	Ậ	O	P	T	R	M	A	U	H	Q
H	G	L	Y	C	V	Y	B	D	O	T	S	V	U
G	N	Ộ	Đ	Ử	C	Â	N	N	Ặ	N	G	Á	C
A	R	U	Đ	T	R	U	N	G	T	Â	M	C	T
P	U	K	P	À	D	V	Y	M	A	R	R	A	T

TRỤC
TRUNG TÂM
KHÁM PHÁ
KHOẢNG CÁCH
NĂNG ĐỘNG
MỞ RỘNG
ĐÀ
MA SÁT
TỪ TÍNH
CƠ KHÍ
CỬ ĐỘNG
QUỸ ĐẠO
VẬT LÝ
HÀNH TINH
CÂN NẶNG
SỨC ÉP
TÍNH CHẤT
THỜI GIAN
PHỔ
TỐC ĐỘ

4 - Adjectifs #1

T	M	Đ	P	K	M	T	H	G	U	N	D	Q	P
R	Ỏ	Ầ	G	H	K	T	R	N	Ẫ	D	P	Ấ	H
U	N	Y	V	Ổ	Ỳ	B	U	Ẻ	Q	U	B	A	O
N	G	T	Ô	N	L	Q	H	Y	N	Ặ	N	G	À
G	D	H	T	G	Ạ	L	V	P	Ệ	Y	I	A	N
T	G	A	Ộ	L	H	G	N	Ộ	Đ	T	Ạ	O	H
H	V	M	I	Ồ	Ữ	G	K	H	G	Ậ	Đ	H	Ả
Ự	Y	V	V	B	U	N	D	V	M	U	N	Ố	O
C	Y	Ọ	D	T	Í	G	M	M	V	H	Ệ	Y	I
Đ	N	N	P	H	C	Q	R	C	Y	T	I	M	K
I	Ẹ	G	D	Ơ	H	A	Y	K	A	Ệ	H	L	M
L	B	P	B	M	A	M	T	G	M	H	Q	N	V
T	Q	U	A	N	T	R	Ọ	N	G	G	H	I	C
C	H	Ậ	M	G	N	Ợ	Ư	L	G	N	Ộ	R	K

TUYỆT ĐỐI
HOẠT ĐỘNG
ĐẦY THAM VỌNG
THƠM
NGHỆ THUẬT
HẤP DẪN
ĐẸP
KỲ LẠ
KHỔNG LỒ
RỘNG LƯỢNG
TRUNG THỰC
QUAN TRỌNG
VÔ TỘI
TRẺ
CHẬM
NẶNG
MỎNG
HIỆN ĐẠI
HOÀN HẢO
HỮU ÍCH

5 - Instruments de Musique

M	M	Q	G	K	C	H	I	Ê	N	G	Đ	A	P
Y	G	C	T	I	È	K	Q	V	V	Y	À	L	D
R	H	Ạ	Q	T	N	N	D	H	I	M	N	Y	D
R	U	H	L	Ụ	C	L	Ạ	C	Õ	A	G	I	Ư
Đ	À	N	V	I	Ô	L	Ô	N	G	N	H	N	Ơ
A	P	N	T	S	Á	O	N	C	N	D	I	S	N
N	O	À	L	R	V	P	L	K	Ô	O	T	A	G
T	H	D	K	B	O	B	B	H	U	L	A	X	C
Đ	À	N	H	Ạ	C	M	A	Y	H	I	N	O	Ầ
I	O	T	R	Y	U	D	B	S	C	N	B	P	M
T	L	R	V	Q	A	P	I	O	S	M	A	H	Q
V	L	Ố	L	D	C	I	P	Q	N	T	K	O	R
T	E	N	I	R	A	L	C	K	Q	E	T	N	G
C	C	G	H	A	R	M	O	N	I	C	A	E	B

BASS
DÀN NHẠC
CHUÔNG
CLARINET
SÁO
CHIÊNG
ĐÀN GHI TA
HARMONICA
ĐÀN HẠC
MANDOLIN
GÕ
DƯƠNG CẦM
SAXOPHONE
TRỐNG
LỤC LẠC
TROMBONE
KÈN
ĐÀN VI Ô LÔNG
CELLO

6 - Échecs

K	M	V	V	V	T	D	Y	Y	O	P	N	Q	H
K	K	U	R	O	É	H	C	G	N	Ờ	Ư	Đ	N
G	V	A	U	K	C	G	Ụ	H	Q	K	O	T	I
B	C	D	P	G	N	D	I	Đ	Y	D	C	G	M
C	H	I	Ế	N	L	Ư	Ợ	C	Ộ	S	B	I	G
Q	Y	M	T	À	Q	O	K	G	T	N	I	R	N
K	O	Ể	R	O	D	Q	U	I	H	Â	G	N	Ô
Đ	Ố	I	T	H	Ủ	U	Đ	Ả	Ờ	U	H	I	H
Q	D	Đ	L	Ữ	I	Y	E	I	I	Q	Y	Q	T
G	I	P	I	N	T	T	N	Đ	G	N	Ắ	R	T
H	P	T	B	G	G	Ắ	G	Ấ	I	Á	L	D	V
V	R	M	T	I	O	C	V	U	A	U	H	M	K
G	I	Ơ	H	C	I	Ờ	Ư	G	N	Q	P	D	D
T	R	Ò	C	H	Ơ	I	C	U	Ộ	C	T	H	I

ĐỐI THỦ
TRẮNG
QUÁN QUÂN
CUỘC THI
ĐƯỜNG CHÉO
THÔNG MINH
TRÒ CHƠI
NGƯỜI CHƠI
ĐEN
THỤ ĐỘNG
ĐIỂM
NỮ HOÀNG
QUY TẮC
VUA
HY SINH
CHIẾN LƯỢC
THỜI GIAN
GIẢI ĐẤU

7 - Herboristerie

R	C	H	Ấ	T	L	Ư	Ợ	N	G	M	P	G	K
X	O	P	M	H	O	C	U	N	T	H	Ơ	M	U
Ạ	N	S	H	O	A	O	Ả	I	H	Ư	Ơ	N	G
H	G	G	E	A	O	Y	M	C	N	N	H	Ầ	L
Ư	Q	I	H	M	H	M	L	Ó	A	A	Ú	H	Á
Ơ	G	R	Ấ	Ệ	A	V	K	L	X	V	N	P	K
N	Ẩ	N	H	M	T	R	N	Ợ	V	H	G	H	I
G	M	U	M	Y	G	Â	Y	I	Ư	Ư	Q	N	N
U	T	B	Ạ	C	H	À	Y	K	Ờ	Ơ	U	À	H
I	H	T	H	Ì	L	À	Â	D	N	N	Ế	H	G
Y	Ự	T	M	I	L	U	T	N	V	G	D	T	I
O	C	Ỏ	U	Q	D	V	I	H	V	V	K	D	Ớ
Y	O	I	Q	G	D	Y	Ù	L	M	Ị	A	K	I
Q	V	Q	Q	C	K	U	M	G	V	P	H	C	H

TỎI
THƠM
HÚNG QUẾ
CÓ LỢI
ẨM THỰC
GIẤM
THÌ LÀ
HOA
THÀNH PHẦN
VƯỜN
HOA OẢI HƯƠNG
LÁ KINH GIỚI
BẠC HÀ
MÙI TÂY
CHẤT LƯỢNG
ROSEMARY
NGHỆ TÂY
HƯƠNG VỊ
XẠ HƯƠNG
XANH

8 - Véhicules

U	M	Ầ	G	N	N	Ệ	I	Đ	E	X	B	X	V
O	T	U	N	Ề	Y	U	H	T	A	E	G	E	Y
M	Á	Y	B	A	Y	P	Y	C	C	C	N	T	T
T	D	I	V	Ử	V	L	T	V	D	Ứ	O	Ắ	O
C	Ê	P	Ố	L	M	A	C	A	R	U	G	C	G
V	U	N	L	E	R	B	R	N	B	T	U	X	O
T	I	K	L	X	L	X	Y	A	Ơ	H	B	I	T
P	À	U	O	Ử	N	E	Y	G	C	Ư	È	T	O
I	H	U	O	I	A	T	D	Y	G	Ơ	K	M	P
Ơ	P	Y	N	K	L	Ả	C	A	N	N	D	Á	P
H	T	U	Q	G	C	I	C	T	Ộ	G	C	Y	Y
E	U	I	U	B	Ầ	H	T	E	Đ	Q	G	K	L
X	E	B	U	Ý	T	M	N	X	U	N	T	É	M
C	X	E	Đ	Ạ	P	T	N	T	A	T	K	O	A

XE CỨU THƯƠNG
MÁY BAY
THUYỀN
XE BUÝT
XE TẢI
CARAVAN
PHÀ
TÊN LỬA
XE ĐIỆN NGẦM
ĐỘNG CƠ
LỐP
BÈ
XE TAY GA
TÀU NGẦM
XE TẮC XI
MÁY KÉO
XE LỬA
VAN
XE ĐẠP
XE HƠI

9 - Camping

T	M	U	D	Đ	C	N	I	B	A	C	L	Ử	A
H	M	Ũ	I	È	L	A	B	À	N	Â	H	T	D
I	G	M	P	N	Ắ	B	N	Ă	S	Y	Ồ	U	Y
Ê	Ú	Y	P	L	C	Ô	N	T	R	Ù	N	G	P
N	U	N	M	Ồ	Đ	N	Ả	B	G	T	M	Y	O
N	R	B	L	N	R	D	Đ	Ộ	N	G	V	Ậ	T
H	G	P	Y	G	C	U	Â	C	Ă	Q	Q	C	I
I	G	L	T	N	C	R	O	Y	R	A	Y	V	Q
Ê	Q	K	H	Õ	B	I	Q	G	T	Y	I	I	C
N	U	T	I	V	R	Ừ	N	G	T	H	O	V	Q
N	C	A	Ế	X	U	Ồ	N	G	Ặ	Y	Ừ	A	V
U	Q	L	T	R	Ề	V	Y	H	M	B	G	N	T
N	A	B	B	L	L	P	U	R	Q	O	L	P	G
U	L	B	Ị	M	N	H	C	N	A	Q	H	D	R

ĐỘNG VẬT
CÂY
LA BÀN
CABIN
XUỒNG
BẢN ĐỒ
MŨ
SĂN BẮN
DÂY THỪNG
THIẾT BỊ
LỬA
RỪNG
VÕNG
CÔN TRÙNG
HỒ
ĐÈN LỒNG
MẶT TRĂNG
NÚI
THIÊN NHIÊN
LỀU

10 - Écologie

S	B	Q	K	L	U	Đ	I	V	I	R	L	T	D
Ự	I	À	O	L	Y	D	A	M	H	I	N	H	T
S	Ể	K	H	K	Q	K	O	D	U	R	Y	I	A
Ố	N	R	A	Ạ	M	Y	B	R	Ạ	Y	T	Ê	L
N	G	U	Ầ	C	N	À	O	T	H	N	D	N	Đ
G	K	C	V	I	Ê	H	A	Q	B	Ê	G	N	Ộ
C	U	N	N	P	I	I	Á	O	Ề	Y	N	H	N
Ò	K	R	Ú	T	H	H	P	N	N	U	Ồ	I	G
N	N	H	I	G	N	Y	Y	C	V	G	Đ	Ê	V
L	L	G	Í	V	Ự	O	D	O	Ữ	N	G	N	Ậ
C	Â	Y	U	H	T	P	N	R	N	I	N	G	T
M	A	R	S	H	Ậ	N	R	H	G	À	Ộ	G	M
O	G	U	A	B	Y	U	Y	D	Y	T	C	A	L
K	D	Y	F	L	O	R	A	B	C	D	T	P	H

KHÍ HẬU
CỘNG ĐỒNG
ĐA DẠNG
BỀN VỮNG
LOÀI
ĐỘNG VẬT
FLORA
TOÀN CẦU
MARSH
BIỂN
NÚI
THIÊN NHIÊN
TỰ NHIÊN
CÂY
TÀI NGUYÊN
HẠN HÁN
SỰ SỐNG CÒN

11 - Géométrie

C	R	I	T	T	Đ	U	T	G	T	K	H	Ú	C
Ớ	B	Ề	M	Ặ	T	Ư	H	Ó	Ỷ	B	V	O	R
Ư	N	T	C	M	C	N	Ờ	C	L	M	G	M	H
H	Đ	Ố	I	X	Ứ	N	G	N	Ệ	M	A	L	Ợ
T	R	U	N	G	B	Ì	N	H	G	G	T	P	P
H	T	C	H	I	Ề	U	C	A	O	K	A	S	L
C	A	V	S	O	N	G	S	O	N	G	Í	Ố	Ý
Í	M	I	Ò	V	K	L	H	T	M	A	V	N	H
K	G	U	Q	N	Á	O	T	H	N	Í	T	D	H
T	I	H	Y	B	G	N	Ợ	Ư	L	I	Ố	H	K
D	Á	H	N	Ì	R	T	G	N	Ơ	Ư	H	P	Y
A	C	K	L	H	K	V	R	A	B	A	U	D	P
H	B	C	V	T	T	I	R	Ò	O	D	K	D	C
H	Ọ	C	T	H	U	Y	Ế	T	N	L	M	I	G

GÓC
TÍNH TOÁN
VÒNG TRÒN
ĐƯỜNG KÍNH
KÍCH THƯỚC
PHƯƠNG TRÌNH
CHIỀU CAO
HỢP LÝ
KHỐI LƯỢNG
TRUNG BÌNH
SỐ
SONG SONG
TỶ LỆ
KHÚC
BỀ MẶT
ĐỐI XỨNG
HỌC THUYẾT
TAM GIÁC

12 - Les Médias

T	Ậ	H	T	Ự	S	M	Ạ	N	G	T	H	Ý	L
B	R	M	K	N	Ả	B	N	Ê	I	H	P	K	G
L	Ộ	Ự	A	V	B	M	M	B	Y	Ư	Y	I	H
K	Đ	M	C	N	M	P	A	P	I	Ơ	N	Ế	N
Y	I	Ệ	U	T	Í	R	T	T	D	N	L	N	Ả
Y	Á	N	T	N	U	G	T	V	T	G	Ả	N	H
M	H	G	H	N	T	Y	I	K	H	M	R	Â	N
O	T	T	N	P	U	L	Ế	Á	V	Ạ	Y	H	Ì
I	I	Q	I	B	H	U	B	N	O	I	Q	N	H
U	I	D	N	B	U	Í	D	L	I	D	O	Á	B
C	Ô	N	G	N	G	H	I	Ệ	P	U	Ụ	C	D
L	I	Ê	N	L	Ạ	C	G	M	L	B	N	C	L
C	K	B	B	G	L	C	Đ	À	I	K	P	G	I
C	Ô	N	G	C	Ộ	N	G	T	D	R	H	R	R

THÁI ĐỘ
THƯƠNG MẠI
LIÊN LẠC
TRỰC TUYẾN
PHIÊN BẢN
GIÁO DỤC
SỰ THẬT
KINH PHÍ
HÌNH ẢNH
CÁ NHÂN
CÔNG NGHIỆP
TRÍ TUỆ
BÁO
Ý KIẾN
ẢNH
CÔNG CỘNG
ĐÀI
MẠNG

13 - Philanthropie

V	G	N	V	C	Ạ	L	N	Ê	I	L	D	T	T
T	D	H	G	N	Ộ	C	G	N	Ô	C	I	À	Ừ
L	C	Ó	P	R	A	N	G	H	Q	C	T	I	T
Ụ	V	M	Ệ	I	H	N	G	I	U	Ầ	H	C	H
T	H	T	N	G	Ư	Ờ	I	Đ	Ỹ	N	Ế	H	I
R	T	K	R	Q	R	Y	T	L	Ồ	I	H	Í	Ệ
U	B	H	N	Ẻ	V	B	T	D	Ị	N	Ệ	N	N
N	I	H	H	B	E	L	B	H	Y	C	G	H	U
G	T	R	Â	H	M	M	R	A	T	H	H	A	U
T	A	L	N	Ê	I	N	H	N	A	H	T	S	A
H	T	D	L	Y	P	H	K	D	P	D	K	O	Ử
Ự	M	Y	O	A	A	L	T	U	H	K	I	H	T
C	Q	H	Ạ	T	O	À	N	C	Ầ	U	U	M	M
B	U	Ê	I	T	C	Ụ	M	N	H	P	I	Q	C

CẦN
MỤC TIÊU
TỪ THIỆN
CỘNG ĐỒNG
LIÊN LẠC
TRẺ EM
TÀI CHÍNH
QUỸ
NGƯỜI
THẾ HỆ
TOÀN CẦU
NHÓM
LỊCH SỬ
TRUNG THỰC
NHÂN LOẠI
THANH NIÊN
NHIỆM VỤ
CÔNG CỘNG

14 - Diplomatie

C	H	I	Ệ	P	Ư	Ớ	C	T	L	T	Y	K	Q
Ộ	Y	O	Y	O	D	P	Á	H	P	I	Ả	I	G
N	Â	D	G	N	Ô	C	O	Ả	L	K	I	S	T
G	Đ	O	A	I	G	I	Ạ	O	G	N	Đ	Ự	O
Đ	B	Ạ	M	Q	R	L	Đ	L	Đ	Ấ	Ạ	C	À
Ồ	P	A	O	D	R	Q	N	U	Ạ	V	I	Ô	N
N	G	K	M	Đ	N	V	Â	Ậ	I	Ố	S	N	V
G	D	V	Y	A	Ứ	Q	H	N	S	C	Ứ	G	Ẹ
H	N	G	K	Y	A	C	N	G	Ứ	U	Q	B	N
C	Ợ	C	H	Í	N	H	T	R	Ị	M	U	Ằ	B
C	Q	P	C	H	Í	N	H	P	H	Ủ	Á	N	B
Y	M	D	T	A	N	N	I	N	H	U	N	G	B
T	Y	N	A	Á	N	G	H	Ị	Q	U	Y	Ế	T
C	T	L	Q	L	C	X	U	N	G	Đ	Ộ	T	D

ĐẠI SỨ QUÁN
ĐẠI SỨ
CÔNG DÂN
CỘNG ĐỒNG
XUNG ĐỘT
CỐ VẤN
HỢP TÁC
NGOẠI GIAO
THẢO LUẬN
ĐẠO ĐỨC
CHÍNH PHỦ
NHÂN ĐẠO
TOÀN VẸN
SỰ CÔNG BẰNG
CHÍNH TRỊ
NGHỊ QUYẾT
AN NINH
GIẢI PHÁP
HIỆP ƯỚC

15 - Électricité

N	Ệ	I	Đ	P	L	Ư	U	T	R	Ữ	A	T	M
M	A	H	D	Á	A	P	H	T	S	L	K	H	Á
V	P	M	Ắ	C	Ổ	D	G	Í	Ố	G	A	Ợ	Y
R	P	B	C	D	K	V	Y	C	L	O	U	Đ	P
M	K	C	T	H	P	I	N	H	Ư	V	P	I	H
M	Ạ	N	G	I	Â	B	Y	C	Ợ	D	O	Ệ	Á
Y	A	K	N	I	Ê	M	Y	Ự	N	H	Â	N	T
U	U	T	Ợ	G	A	U	M	C	G	Y	T	Y	Đ
Y	V	R	Ư	G	G	N	C	L	A	S	E	R	I
G	C	L	T	P	C	K	R	Ự	C	V	I	D	Ệ
A	L	D	I	A	R	B	R	K	C	P	N	G	N
M	R	T	Ố	Đ	I	Ệ	N	T	H	O	Ạ	I	Đ
D	L	G	Đ	V	L	N	L	K	D	A	L	N	È
L	N	I	V	T	H	I	Ế	T	B	Ị	G	Y	N

NAM CHÂM
PIN
CÁP
THỢ ĐIỆN
ĐIỆN
THIẾT BỊ
DÂY
MÁY PHÁT ĐIỆN
ĐÈN
LASER
TIÊU CỰC
ĐỐI TƯỢNG
TÍCH CỰC
Ổ CẮM
SỐ LƯỢNG
MẠNG
LƯU TRỮ
ĐIỆN THOẠI

16 - Astronomie

N	H	Ậ	T	T	H	Ự	C	B	H	G	B	C	T
S	N	T	K	Ấ	P	U	G	Ứ	A	Y	P	L	R
A	I	V	H	Đ	M	A	Q	C	N	L	U	B	Ọ
O	T	Ũ	N	I	L	Ử	L	X	L	B	T	G	N
B	H	T	I	Á	Ê	L	P	Ạ	B	A	T	R	G
Ă	N	R	T	R	G	N	Ă	R	T	T	Ặ	M	L
N	À	Ụ	Ệ	T	G	Ê	H	N	T	K	G	Q	Ự
G	H	Y	V	A	H	T	G	À	L	Q	H	H	C
P	H	Â	N	U	U	B	Ầ	U	T	R	Ờ	I	Z
D	V	G	T	I	N	H	V	Â	N	K	Q	G	O
Y	M	C	K	C	O	S	A	O	C	H	Ổ	I	D
C	H	Ò	M	S	A	O	I	R	D	O	I	P	I
Đ	À	I	Q	U	A	N	S	Á	T	V	D	D	A
S	I	Ê	U	T	Â	N	T	I	N	H	N	T	C

BẦU TRỜI
SAO CHỔI
CHÒM SAO
VŨ TRỤ
NHẬT THỰC
PHÂN
TÊN LỬA
THIÊN HÀ
TRỌNG LỰC
MẶT TRĂNG
SAO BĂNG
TINH VÂN
ĐÀI QUAN SÁT
HÀNH TINH
BỨC XẠ
VỆ TINH
SIÊU TÂN TINH
TRÁI ĐẤT
ZODIAC

17 - Physique

C	D	V	B	K	R	G	C	A	O	T	Ử	Y	P
Ô	A	C	T	Ấ	H	C	A	Ó	H	Ố	T	P	H
N	L	P	Ạ	D	U	Ố	R	M	M	C	N	T	Â
G	I	H	H	K	D	T	I	T	M	Đ	Ê	Ừ	N
T	O	Ổ	L	G	C	A	C	L	L	Ộ	Y	T	T
H	K	M	P	C	Y	I	K	D	Ư	N	U	Í	Ử
Ứ	C	I	N	T	G	G	O	B	V	Ợ	G	N	Đ
C	O	I	K	C	Ơ	K	H	Í	P	G	N	H	I
T	Ầ	N	S	Ố	C	O	L	H	M	I	Ạ	G	Ệ
M	V	C	V	D	G	Q	Q	K	K	R	O	N	N
R	C	Ự	L	G	N	Ọ	R	T	K	R	L	Ộ	T
V	D	G	D	N	Ộ	Đ	T	Ậ	M	H	N	R	Ử
Y	C	M	U	O	Đ	V	I	V	A	A	Ỗ	Ở	I
I	I	L	H	Ạ	T	N	H	Â	N	U	H	M	A

GIA TỐC
NGUYÊN TỬ
HỖN LOẠN
HÓA CHẤT
MẬT ĐỘ
MỞ RỘNG
ĐIỆN TỬ
CÔNG THỨC
TẦN SỐ
KHÍ
TRỌNG LỰC
TỪ TÍNH
KHỐI LƯỢNG
CƠ KHÍ
PHÂN TỬ
ĐỘNG CƠ
HẠT NHÂN
HẠT
PHỔ
TỐC ĐỘ

18 - Types de Cheveux

V	Y	V	K	N	E	Đ	D	M	G	Q	A	K	B
N	G	O	T	Ă	G	R	U	Ở	R	I	Ó	H	G
L	P	H	K	O	N	Ắ	Â	N	P	I	G	Ỏ	N
G	L	P	L	X	Ó	C	N	G	D	À	Y	E	V
R	N	O	M	D	B	K	U	M	A	D	H	M	U
T	H	C	Ề	D	G	B	À	À	O	V	Q	Ạ	R
K	Ó	T	M	T	N	Ễ	M	U	À	M	B	N	N
O	C	C	R	P	Á	N	G	X	L	I	R	H	I
P	U	Ạ	V	Ắ	S	N	M	Á	D	M	A	P	P
U	R	B	L	À	N	G	M	M	H	N	I	C	V
V	L	M	L	V	N	G	V	C	I	C	D	C	A
B	S	U	L	V	I	G	R	B	D	L	S	Y	M
I	C	N	N	R	N	R	R	L	M	M	A	U	K
K	K	H	Ô	U	H	A	N	I	Y	O	Q	L	M

BẠC
TRẮNG
TÓC VÀNG
CURLS
SÁNG BÓNG
HÓI
MÀU
NGẮN
MỀM
DÀY
XOĂN
MÀU XÁM
DÀI
MÀU NÂU
MỎNG
ĐEN
KHỎE MẠNH
KHÔ
BRAIDS
BỆN

19 - Archéologie

U	H	N	G	I	Á	O	S	Ư	Y	I	N	A	T
U	Đ	B	Ă	K	H	Ô	N	G	R	Õ	L	K	V
R	Ộ	V	A	M	C	P	R	M	H	T	M	D	A
A	I	G	N	Ê	Y	U	H	C	T	N	Ộ	A	C
B	T	H	U	Q	Q	Q	U	Ê	N	M	N	M	V
Đ	Ố	I	T	Ư	Ợ	N	G	O	Ề	P	H	M	B
Y	P	O	I	V	Q	M	K	D	Đ	U	B	U	T
O	H	C	Í	T	I	D	A	G	I	D	C	M	U
I	Â	Đ	Á	N	H	G	I	Á	Ô	R	B	T	U
L	N	Ê	Y	U	G	N	Ỷ	K	G	H	I	K	X
L	T	Đ	Ồ	G	Ố	M	M	A	N	U	C	B	Ư
R	Í	A	B	L	U	A	Ả	Q	B	Í	Ẩ	N	Ơ
Ổ	C	N	H	N	I	M	N	Ă	V	N	Ề	N	N
R	H	I	A	H	C	Ạ	H	T	A	Ó	H	I	G

PHÂN TÍCH
CỔ
NĂM
NỀN VĂN MINH
CHUYÊN GIA
KỶ NGUYÊN
ĐỘI
ĐÁNH GIÁ
HÓA THẠCH
MẢNH
KHÔNG RÕ
BÍ ẨN
ĐỐI TƯỢNG
XƯƠNG
QUÊN
ĐỒ GỐM
GIÁO SƯ
DI TÍCH
NGÔI ĐỀN
MỘ

20 - Mammifères

L	Q	U	M	N	K	R	M	N	B	Ỉ	H	K	T
N	G	Ự	A	V	Ằ	N	G	H	L	B	Ư	N	I
S	I	O	V	N	O	C	Ấ	C	V	N	Ơ	A	P
K	Ư	Q	B	G	T	I	U	O	Á	C	U	Ừ	C
H	H	T	N	Ự	T	H	Ỏ	N	B	G	C	L	P
A	H	Ỉ	Ử	A	C	Y	P	M	P	M	A	O	C
K	V	V	Đ	B	D	I	P	È	K	V	O	O	C
B	R	M	I	Ộ	Ò	G	K	O	C	Q	C	P	O
M	Q	A	T	L	T	Đ	M	P	H	O	Ổ	B	B
A	C	C	O	U	P	M	Ự	I	Ó	S	Ó	H	C
G	O	E	H	Á	C	M	Y	C	B	V	K	U	L
Y	N	K	A	N	G	A	R	O	O	Y	I	I	V
H	H	I	Y	H	G	C	Á	V	O	I	B	M	L
K	Ổ	C	O	Y	O	T	E	Q	I	U	D	D	P

CÁ VOI
CON MÈO
NGỰA
CHÓ
COYOTE
CÁ HEO
CON VOI
HƯƠU CAO CỔ
KHỈ ĐỘT
KANGAROO
THỎ
SƯ TỬ
CHÓ SÓI
CỪU
GẤU
CÁO
KHỈ
BÒ ĐỰC
CON HỔ
NGỰA VẰN

21 - Chocolat

P	K	B	V	N	C	Y	T	H	Ơ	M	N	K	Y
I	V	U	Ị	G	H	A	Ê	M	M	V	K	V	M
B	H	O	M	O	Ấ	B	P	U	O	B	Ẹ	P	H
Y	Ộ	R	N	N	T	A	G	A	T	K	O	O	Q
H	A	T	L	A	L	N	N	N	Ọ	H	Ỳ	B	C
K	O	L	A	C	Ư	G	Ờ	T	G	Y	Í	L	Q
H	A	L	M	T	Ợ	O	Ư	I	N	L	R	C	Ạ
Ư	C	K	K	G	N	Ắ	Đ	O	K	P	V	Ứ	H
Ơ	A	R	A	T	G	N	V	X	L	C	T	H	D
N	C	A	R	A	M	E	L	I	L	K	U	T	D
G	N	Ộ	H	P	U	Ậ	Đ	D	K	L	A	G	R
V	V	D	U	T	A	P	I	A	Ừ	D	M	N	B
Ị	Q	C	N	Ầ	H	P	H	N	À	H	T	Ô	Q
B	C	V	O	I	R	P	L	T	H	T	V	C	G

ĐẮNG
ANTIOXIDANT
THƠM
KẸO
ĐẬU PHỘNG
CACAO
CALO
CARAMEL
NGON
NGỌT
KỲ LẠ
YÊU THÍCH
VỊ
THÀNH PHẦN
DỪA
BỘT
CHẤT LƯỢNG
CÔNG THỨC
HƯƠNG VỊ
ĐƯỜNG

22 - Mathématiques

B	Q	P	H	Ư	Ơ	N	G	T	R	Ì	N	H	S
Q	U	O	Q	D	D	T	R	T	V	U	T	N	O
V	Ả	T	T	A	M	G	I	Á	C	M	Ũ	G	N
U	N	Ậ	C	N	Â	H	P	P	Ậ	H	T	T	G
I	G	H	Đ	Ư	Ờ	N	G	K	Í	N	H	I	S
H	T	N	M	C	I	Í	L	N	R	H	K	P	O
B	R	Ữ	V	Ó	Ố	K	B	U	B	G	H	N	N
H	Ư	H	H	G	S	N	C	Á	I	G	A	Đ	G
U	Ờ	C	Ì	G	N	Á	Ó	H	T	Ổ	N	G	N
C	N	H	V	N	Â	B	G	M	U	D	V	R	Ứ
M	G	N	H	Ô	H	G	M	C	O	V	T	R	X
V	R	Ì	K	U	P	H	R	D	R	D	I	L	I
K	I	H	H	V	P	V	Ọ	S	Ố	H	Ọ	C	Ố
Â	M	L	Ư	Ợ	N	G	K	C	C	Ầ	U	M	Đ

GÓC
SỐ HỌC
QUẢNG TRƯỜNG
THẬP PHÂN
ĐƯỜNG KÍNH
MŨ
PHƯƠNG TRÌNH
PHÂN SỐ
HÌNH HỌC
SONG SONG

VUÔNG GÓC
CHU VI
ĐA GIÁC
BÁN KÍNH
HÌNH CHỮ NHẬT
TỔNG
CẦU
ĐỐI XỨNG
TAM GIÁC
ÂM LƯỢNG

23 - Mythologie

T	A	C	N	I	T	M	Ề	I	N	T	B	L	Y
R	N	H	G	L	É	Ấ	U	D	Q	H	L	T	I
Ả	H	H	U	Q	S	S	U	G	U	Ả	C	R	N
T	H	V	Y	T	K	P	G	C	Á	M	Ó	U	S
H	Ù	Q	Ê	O	B	I	B	A	I	H	C	Y	I
Ù	N	H	N	Ạ	M	C	Ứ	S	V	Ọ	H	Ề	N
V	G	P	M	Y	U	D	U	I	Ậ	A	Ế	N	H
Q	Ă	T	Ẫ	Y	B	H	H	V	T	H	T	T	V
O	L	N	U	S	Á	N	G	T	Ạ	O	P	H	Ậ
B	C	E	H	C	T	M	Ê	C	U	N	G	U	T
Y	M	H	U	O	H	À	N	H	V	I	I	Y	L
I	Y	G	C	L	Á	Q	I	M	P	L	A	Ế	T
S	Ự	B	Ấ	T	T	Ử	B	K	K	V	O	T	C
H	U	Y	Ề	N	D	I	Ệ	U	P	O	K	G	G

NGUYÊN MẪU
THẢM HỌA
HÀNH VI
SÁNG TẠO
SINH VẬT
NIỀM TIN
VĂN HOÁ
SÉT
SỨC MẠNH
ANH HÙNG
SỰ BẤT TỬ
GHEN
MÊ CUNG
TRUYỀN THUYẾT
HUYỀN DIỆU
QUÁI VẬT
CÓ CHẾT
SẤM
TRẢ THÙ

24 - Restaurant #2

G	S	B	C	Á	C	B	G	H	Ế	B	N	D	B
Q	Ú	Á	A	Ớ	P	H	Ụ	C	V	Ụ	N	A	M
T	P	N	R	R	Ư	G	N	Ứ	R	T	B	L	C
C	R	H	V	C	G	N	Ố	U	Ồ	Đ	Ữ	A	Á
Á	C	Á	D	O	D	Ă	G	M	B	P	A	S	I
I	K	Y	I	B	K	B	I	C	U	G	T	O	T
N	P	U	Ố	C	Q	U	A	V	A	V	R	T	H
Ĩ	L	P	T	Q	Â	U	V	Y	C	T	Ư	B	Ì
A	G	P	A	B	Y	Y	Ị	D	K	T	A	R	A
I	R	I	Ữ	N	K	D	R	T	Y	M	M	Ì	V
O	G	R	B	P	H	I	B	L	I	P	U	R	N
Y	N	D	Q	C	R	P	C	M	R	I	U	Ố	O
R	A	U	G	R	I	L	P	I	N	G	O	N	I
A	V	M	G	Y	M	R	P	G	N	T	H	G	H

ĐỒ UỐNG
GHẾ
CÁI THÌA
BỮA TRƯA
NGON
BỮA TỐI
NƯỚC
GIA VỊ
CÁI NĨA
TRÁI CÂY

BÁNH
BĂNG
RAU
MÌ
TRỨNG
CÁ
SALAD
MUỐI
PHỤC VỤ NAM
SÚP

25 - Beauté

M	K	É	O	D	I	G	N	K	P	Q	M	S	B
M	A	V	O	A	V	M	T	L	V	A	Ị	A	R
Ỹ	T	S	R	U	A	À	R	Y	H	P	N	N	D
P	R	L	C	V	Q	U	B	M	H	R	Â	G	T
H	A	R	S	A	Q	U	Y	Ế	N	R	Ũ	T	H
Ẩ	N	U	T	G	R	R	H	P	Ả	U	A	R	A
M	G	C	Y	L	I	A	Ư	C	N	I	O	Ọ	N
O	Đ	N	L	G	P	M	Ơ	H	Ă	N	D	N	H
S	I	Q	I	N	G	T	N	P	I	M	C	G	L
O	Ể	P	S	I	M	V	G	U	D	T	V	N	Ị
N	M	M	T	R	L	Q	T	O	Ầ	M	H	Ơ	C
M	D	Ị	C	H	V	Ụ	H	N	U	K	Q	Ư	H
Ô	M	K	L	N	O	L	Ơ	A	I	G	D	G	N
I	Ộ	G	U	Ầ	D	T	M	T	K	R	G	K	A

CURLS
QUYẾN RŨ
KÉO
MỸ PHẨM
MÀU
SANG TRỌNG
THANH LỊCH
ÂN
DẦU
MỊN
TRANG ĐIỂM
MASCARA
GƯƠNG
HƯƠNG THƠM
DA
ĂN ẢNH
SON MÔI
DỊCH VỤ
DẦU GỘI
STYLIST

26 - Avions

O	T	P	K	X	Â	Y	D	Ự	N	G	M	G	A
A	H	H	H	N	H	I	Ễ	U	L	O	Ạ	N	M
C	I	I	Ô	H	Y	D	R	O	G	N	I	B	Q
U	Ế	C	N	Đ	Ộ	N	G	C	Ơ	Y	R	Y	N
Ề	T	Ô	G	M	Ử	T	H	Ờ	I	T	I	Ế	T
I	K	N	K	Q	S	C	Á	N	H	Q	U	Ạ	T
H	Ế	G	H	M	H	À	N	H	K	H	Á	C	H
C	Ạ	D	Í	O	C	H	K	H	C	G	P	A	I
Đ	Y	X	C	V	Ị	H	Ư	B	V	U	K	N	M
H	Ổ	B	U	A	L	P	D	Ớ	V	U	R	I	V
G	T	B	T	Ố	V	Q	T	U	N	T	T	H	T
O	A	C	Ộ	Đ	N	R	Q	P	C	G	N	Ó	B
Y	A	B	C	M	P	G	B	Ầ	U	T	R	Ờ	I
N	H	I	Ê	N	L	I	Ệ	U	R	H	H	Y	V

ĐỘ CAO
KHÔNG KHÍ
ĐỔ BỘ
BÓNG
NHIÊN LIỆU
BẦU TRỜI
XÂY DỰNG
HẠ XUỐNG
THIẾT KẾ
HƯỚNG
CHIỀU CAO
CÁNH QUẠT
LỊCH SỬ
HYDRO
THỜI TIẾT
ĐỘNG CƠ
HÀNH KHÁCH
PHI CÔNG
NHIỄU LOẠN

27 - Ingénierie

P	D	H	C	Ó	G	T	P	H	C	A	L	O	B
U	C	I	Ố	H	P	N	Â	H	P	T	B	Y	Á
H	U	Ồ	K	U	Ấ	C	T	Ế	K	Y	P	O	N
Ổ	N	Đ	Ị	N	H	T	U	Â	S	Ộ	Đ	G	H
N	L	Ơ	K	K	D	X	L	G	T	P	O	Y	R
Á	Ă	S	P	B	Q	I	O	Ỏ	L	R	U	N	Ă
O	H	N	Ạ	M	C	Ứ	S	A	N	H	B	V	N
T	Ơ	C	G	N	Ộ	Đ	I	R	Y	G	P	O	G
H	U	Y	A	L	D	I	E	S	E	L	U	B	G
N	O	L	M	Y	Ư	T	R	Ụ	C	A	V	O	K
Í	V	T	Á	A	T	Ợ	Q	D	G	A	M	L	H
T	U	I	Y	R	K	N	N	C	V	A	D	R	Q
A	R	V	Ẩ	H	N	Í	K	G	N	Ờ	Ư	Đ	T
B	D	O	Đ	X	Â	Y	D	Ự	N	G	H	V	H

GÓC
TRỤC
TÍNH TOÁN
XÂY DỰNG
SƠ ĐỒ
ĐƯỜNG KÍNH
DIESEL
PHÂN PHỐI
BÁNH RĂNG
NĂNG LƯỢNG
SỨC MẠNH
CHẤT LỎNG
MÁY
ĐO
ĐỘNG CƠ
ĐỘ SÂU
ĐẨY
XOAY
ỔN ĐỊNH
KẾT CẤU

28 - Énergie

Đ	I	Ệ	N	M	O	A	V	Ử	I	O	T	C	P
A	K	A	T	N	P	H	O	T	O	N	U	Ô	I
I	C	N	V	O	I	R	U	N	Ạ	Â	A	N	N
Y	Ô	A	N	L	D	K	Y	Ệ	T	H	B	G	M
V	M	N	R	H	I	H	P	I	I	N	I	N	D
K	Y	O	H	B	I	R	O	Đ	Á	T	N	G	U
O	D	N	L	I	O	Ệ	R	G	T	Ạ	V	H	R
O	Q	L	M	Ờ	Ễ	N	T	I	Q	H	A	I	R
A	V	D	K	R	G	M	N	Ó	N	I	D	Ệ	Đ
R	P	D	N	T	C	L	E	S	E	I	D	P	Ộ
H	H	O	X	T	U	Ệ	I	L	N	Ê	I	H	N
H	Y	H	Ă	Ặ	H	Y	D	R	O	D	Y	O	G
A	P	D	N	M	A	T	P	L	O	N	M	D	C
Y	V	R	G	N	Ờ	Ư	R	T	I	Ô	M	H	Ơ

PIN
CARBON
NHIÊN LIỆU
NHIỆT
DIESEL
ENTROPY
MÔI TRƯỜNG
XĂNG
ĐIỆN
ĐIỆN TỬ
HYDRO
CÔNG NGHIỆP
ĐỘNG CƠ
HẠT NHÂN
PHOTON
Ô NHIỄM
TÁI TẠO
MẶT TRỜI
TUA-BIN
GIÓ

29 - Corps Humain

N	I	C	R	M	M	À	H	O	M	I	L	U	K
G	Q	D	T	I	I	Ũ	L	T	R	B	P	O	H
Ó	M	Á	U	Ệ	T	C	I	A	V	T	A	Y	U
N	N	B	Ầ	N	V	L	Ổ	Đ	V	C	R	D	Ỷ
T	H	L	Đ	G	I	B	D	Ầ	I	L	K	A	U
A	Đ	Ô	I	M	Ô	I	V	U	B	A	O	A	T
Y	A	C	A	B	G	M	T	G	L	H	R	I	A
M	P	N	Q	U	A	Á	Q	Ố	H	M	C	D	Y
Đ	G	P	G	M	I	Ó	C	I	T	C	A	H	H
Ố	H	M	P	C	P	P	O	T	H	C	Ằ	M	V
I	R	V	B	Ụ	N	G	O	C	Ắ	I	V	I	U
M	G	D	B	D	B	K	H	O	Q	M	I	Y	Y
Ặ	Q	M	D	G	R	R	C	K	M	B	B	Q	Y
T	H	D	A	Y	N	N	U	A	B	H	T	A	I

MIỆNG
ÓC
MẮT CÁ
CỔ
KHUỶU TAY
TIM
NGÓN TAY
BỤNG
VAI
ĐẦU GỐI
ĐÔI MÔI
TAY
HÀM
CẰM
MŨI
TAI
DA
MÁU
ĐẦU
ĐỐI MẶT

30 - Épices

D	B	T	H	M	T	R	T	K	M	U	N	N	R
C	V	H	A	B	V	D	H	H	O	V	G	R	A
P	H	Ả	V	H	À	L	Ì	H	T	Y	Â	C	U
N	À	O	C	I	G	M	L	L	O	B	K	V	M
K	N	Q	A	P	I	R	À	C	M	A	G	V	Ù
C	H	U	Ấ	H	K	U	Ậ	Đ	C	Ụ	H	N	I
À	A	Ả	B	Q	B	Ê	R	O	L	K	M	N	Ỏ
G	Q	M	P	U	V	I	Ồ	H	Y	Â	C	G	T
A	Ừ	A	T	Ế	O	T	U	R	P	I	C	H	Y
Ự	O	N	O	H	H	Ư	Ơ	N	G	V	Ị	Ệ	O
C	N	U	G	M	Ả	O	U	T	C	N	G	T	A
T	P	B	N	G	U	O	R	V	H	L	N	Â	N
Ớ	Q	U	Ắ	A	O	Ố	C	K	U	O	C	Y	L
Y	G	L	Đ	R	V	R	I	N	A	V	D	T	U

CHUA
TỎI
ĐẮNG
CÂY HỒI
QUẾ
THẢO QUẢ
RAU MÙI
CÂY THÌ LÀ
CÀ RI
THÌ LÀ
GỪNG
NHỤC ĐẬU KHẤU
HÀNH
ỚT CỰA GÀ
TIÊU
CAM THẢO
NGHỆ TÂY
HƯƠNG VỊ
MUỐI
VANI

31 - Science

P	I	Q	B	K	T	H	Ó	A	T	H	Ạ	C	H
T	H	R	A	G	K	N	G	U	Y	Ê	N	T	Ử
H	T	Â	T	H	Í	N	G	H	I	Ệ	M	Y	C
I	L	B	N	P	H	Ư	Ơ	N	G	P	H	Á	P
Ê	T	Q	I	T	Ế	Y	U	H	T	Ả	I	G	K
N	C	I	P	Ạ	Ử	D	Ữ	L	I	Ệ	U	O	L
N	Â	G	Ế	H	T	R	Ọ	N	G	L	Ự	C	I
H	Y	P	N	N	K	H	O	Á	N	G	S	Ả	N
I	Q	V	O	C	H	T	H	Ự	C	T	Ế	O	B
Ê	B	U	Ậ	O	Q	Ó	H	Ó	A	C	H	Ấ	T
N	I	M	Q	T	L	C	A	K	Y	B	H	U	R
G	M	H	O	I	L	C	K	H	Í	H	Ậ	U	Y
G	N	P	T	H	T	Ý	U	K	O	O	D	K	D
Q	U	A	N	S	Á	T	V	P	M	N	R	Q	D

NGUYÊN TỬ
HÓA CHẤT
KHÍ HẬU
DỮ LIỆU
THÍ NGHIỆM
TIẾN HÓA
THỰC TẾ
HÓA THẠCH
TRỌNG LỰC
GIẢ THUYẾT
PHƯƠNG PHÁP
KHOÁNG SẢN
PHÂN TỬ
THIÊN NHIÊN
QUAN SÁT
HẠT
VẬT LÝ
CÂY

32 - Vêtements

Á	Q	U	Ầ	N	J	E	A	N	D	P	L	M	R
G	O	C	D	A	Q	V	Á	Y	A	K	V	B	K
Q	B	S	U	V	U	Á	O	K	H	O	Á	C	A
M	T	V	Ơ	Y	Ầ	P	H	K	U	M	L	R	H
Y	A	L	V	M	N	V	Ò	N	G	C	Ổ	A	G
A	Q	V	N	M	I	T	O	E	K	G	I	À	Y
T	Y	V	Y	Ũ	Q	R	H	L	O	U	G	O	M
G	Ạ	L	H	K	M	A	G	O	N	Q	N	Ă	N
N	D	P	M	Y	B	N	Q	Á	O	I	Ư	A	D
Ă	L	É	D	Y	O	G	B	B	B	Q	L	M	I
G	B	D	A	Ề	G	S	V	Ò	N	G	T	A	Y
Q	Q	Y	Q	I	H	Ứ	G	C	B	Q	Ắ	J	M
M	R	V	H	N	Á	C	O	Á	C	G	H	A	C
C	T	H	Ờ	I	T	R	A	N	G	R	T	P	U

TRANG SỨC
VÒNG TAY
THẮT LƯNG
MŨ
GIÀY
ÁO SƠ MI
ÁO CÁNH
VÒNG CỔ
GĂNG TAY
QUẦN JEAN
VÁY
THỜI TRANG
QUẦN
ÁO LEN
PAJAMA
ĂN
DÉP
TẠP DỀ
ÁO KHOÁC

33 - Arts Visuels

D	N	C	O	G	C	A	R	D	M	O	P	R	N
A	Ế	I	Y	Y	Q	H	K	I	Ệ	T	T	Á	C
T	N	N	P	Ì	R	N	Â	M	D	L	S	Á	P
R	Y	N	G	H	Ệ	S	Ĩ	N	P	H	Ấ	N	Ụ
C	Ấ	V	B	C	Q	N	M	I	D	U	C	M	H
K	I	Ế	N	T	R	Ú	C	V	Ẽ	U	Q	M	C
K	G	Y	A	Ú	H	V	I	Đ	O	M	N	Ố	H
Q	G	T	Ú	B	I	Á	C	Ấ	H	P	S	G	N
P	H	I	M	Ả	N	H	C	T	C	O	Á	Ồ	Ả
Q	U	A	N	Đ	I	Ể	M	S	V	D	N	Đ	V
V	Y	M	U	R	O	N	L	É	O	L	G	O	B
B	Ứ	C	T	R	A	N	H	T	G	T	T	V	Q
K	G	T	H	À	N	H	P	H	Ầ	N	Ạ	R	P
Đ	I	Ê	U	K	H	Ắ	C	A	D	G	O	R	L

KIẾN TRÚC
ĐẤT SÉT
NGHỆ SĨ
KIỆT TÁC
VẼ
SÁP
THÀNH PHẦN
PHẤN
BÚT CHÌ
SÁNG TẠO
PHIM ẢNH
BỨC TRANH
QUAN ĐIỂM
ẢNH CHỤP
GIẤY NẾN
CHÂN DUNG
ĐỒ GỐM
ĐIÊU KHẮC
CÁI BÚT

34 - Méditation

R	U	M	R	T	O	À	R	T	G	N	O	H	P
V	R	N	G	D	N	Í	Õ	Q	A	B	G	T	T
Y	Q	Ê	M	B	U	I	R	C	V	C	H	Ú	Ý
V	H	I	I	V	Q	P	À	T	Q	M	B	L	O
A	Ế	H	T	Ư	T	Q	N	D	Í	O	N	Ò	Q
H	C	N	A	D	B	D	G	N	Ặ	L	E	N	G
L	Ò	N	G	B	I	Ế	T	Ơ	N	V	U	G	P
I	L	Ê	Q	U	A	N	Đ	I	Ể	M	Q	T	I
M	P	I	I	T	C	Ú	X	M	Ả	C	I	Ố	Y
G	D	H	A	O	Ạ	N	D	C	Y	G	Ó	T	V
O	L	T	R	T	H	C	H	Ấ	P	N	H	Ậ	N
H	Ò	A	B	Ì	N	H	T	H	Ở	R	T	A	H
C	N	Ầ	H	T	M	Â	T	Á	S	N	A	U	Q
R	B	B	V	A	Â	I	M	L	Ặ	N	G	M	I

CHẤP NHẬN
CHÚ Ý
LẶNG
RÕ RÀNG
LÍ TRÍ
CẢM XÚC
LÒNG TỐT
LÒNG BIẾT ƠN
THÓI QUEN
TÂM THẦN
PHONG TRÀO
ÂM NHẠC
THIÊN NHIÊN
QUAN SÁT
HÒA BÌNH
QUAN ĐIỂM
TƯ THẾ
THỞ
IM LẶNG

35 - Littérature

T	C	Q	A	Ử	S	U	Ể	I	T	Y	M	I	A
I	H	M	M	I	Ạ	O	H	T	I	A	I	G	I
Ể	Ủ	D	K	Ạ	K	I	S	Y	O	H	P	G	Y
U	Đ	U	L	O	G	P	P	Á	Q	D	U	Ả	L
T	Ề	P	O	H	B	Ự	T	G	N	Ơ	Ư	T	V
H	V	A	P	T	L	P	P	D	Ế	H	G	U	I
U	V	Ầ	Ả	I	G	C	Á	T	I	T	R	Ê	Ễ
Y	T	L	N	Ộ	N	H	C	Ị	K	I	B	I	N
Ế	H	V	R	H	U	O	B	B	Ý	À	B	M	T
T	Ơ	L	M	T	D	M	Q	D	Q	B	H	Ự	Ư
P	H	O	N	G	C	Á	C	H	M	L	C	S	Ở
L	Ị	K	Ẩ	N	D	Ụ	R	O	L	L	D	O	N
N	G	H	C	Í	T	N	Â	H	P	V	V	K	G
Y	K	V	N	Ậ	U	L	T	Ế	K	N	Ầ	H	P

TƯƠNG TỰ
PHÂN TÍCH
GIAI THOẠI
TÁC GIẢ
TIỂU SỬ
SO SÁNH
PHẦN KẾT LUẬN
SỰ MIÊU TẢ
HỘI THOẠI
VIỄN TƯỞNG
ẨN DỤ
Ý KIẾN
BÀI THƠ
THƠ
VẦN
TIỂU THUYẾT
NHỊP
PHONG CÁCH
CHỦ ĐỀ
BI KỊCH

36 - Nourriture #1

Q	R	T	A	C	G	K	Đ	Y	T	S	D	R	H
O	I	B	A	À	M	U	M	Ư	A	Ú	R	A	Ú
K	R	N	Y	R	H	T	B	H	Ờ	P	Q	U	N
M	B	G	K	Ố	G	U	U	U	B	N	Q	B	G
O	P	Q	D	T	P	É	C	Ớ	Ư	N	G	I	Q
S	A	L	A	D	Q	U	Ế	Ủ	T	R	M	N	U
V	Ữ	Y	B	K	A	A	G	C	C	C	M	A	Ế
D	S	Q	O	M	Q	O	G	H	C	Ả	U	V	R
D	Â	U	T	Â	Y	Ê	L	A	Á	K	I	Ỏ	T
L	Ú	A	M	Ạ	C	H	V	N	N	N	Ố	N	Ị
G	A	A	M	D	K	P	N	H	G	U	U	L	H
O	K	L	U	D	M	À	K	À	Ừ	K	M	P	T
Q	G	P	D	V	K	C	M	Q	H	Q	L	R	N
D	Y	D	I	D	I	L	H	K	K	D	A	T	Y

TỎI
HÚNG QUẾ
CÀ PHÊ
QUẾ
CÀ RỐT
CHANH
RAU BINA
DÂU TÂY
NƯỚC ÉP
SỮA
CỦ CẢI
HÀNH
LÚA MẠCH
LÊ
SALAD
MUỐI
SÚP
ĐƯỜNG
CÁ NGỪ
THỊT

37 - Jours et Mois

C	G	T	I	A	T	2	1	G	N	Á	H	T	T
H	Y	H	V	Q	H	C	Ị	L	C	R	P	H	H
Ủ	L	Á	C	N	Ứ	Y	N	U	H	K	T	Á	Á
N	N	N	C	T	T	C	L	B	G	B	U	N	N
H	Ă	G	N	I	Ư	M	U	B	K	K	Ầ	G	G
Ậ	M	M	Ư	A	U	Ă	N	G	À	Y	N	H	B
T	T	Ư	T	H	Á	N	G	9	T	I	P	A	Ả
M	H	Ờ	G	Ứ	S	Ứ	T	T	H	H	B	I	Y
L	Á	I	N	H	G	H	Q	H	H	G	Á	Q	D
I	N	N	Á	T	N	T	P	Q	Ứ	Ứ	Y	N	C
H	G	C	H	K	Á	H	C	N	N	B	B	N	G
K	M	P	T	U	H	G	O	B	O	G	A	Ả	D
Y	Ộ	R	D	Q	T	T	H	Ứ	S	Á	U	N	Y
N	T	K	U	A	K	K	B	O	A	D	C	I	T

NĂM
NGÀY
THÁNG TƯ
LỊCH
THÁNG 12
CHỦ NHẬT
THÁNG HAI
THÁNG MỘT
THỨ NĂM
THÁNG BẢY
THÁNG SÁU
THỨ HAI
THỨ BA
THỨ TƯ
THÁNG
THÁNG MƯỜI
THỨ BẢY
TUẦN
THÁNG 9
THỨ SÁU

38 - Entreprise

H	T	À	I	C	H	Í	N	H	L	N	N	H	T
U	R	H	Y	L	Ợ	I	N	H	U	Ậ	N	Y	H
K	H	C	Á	S	N	Â	G	N	B	Á	N	R	U
R	I	V	M	C	Ô	N	G	T	Y	Q	K	T	N
T	V	N	À	Ệ	V	A	Q	M	A	Q	C	I	H
C	H	C	H	G	I	A	O	D	Ị	C	H	Ề	Ậ
H	H	U	N	T	B	T	D	U	B	B	C	N	P
Ủ	A	N	Ế	A	Ế	D	A	T	I	Ề	N	T	Ệ
N	N	Y	T	B	R	N	Ó	Ử	Đ	Ầ	U	T	Ư
H	C	H	I	P	H	Í	H	I	C	C	V	A	H
Â	O	V	P	Ệ	I	H	G	N	Ề	H	G	N	C
N	Ê	I	V	N	Â	H	N	K	L	M	G	Q	R
V	D	M	N	K	C	Q	À	L	M	V	U	G	D
G	C	L	I	G	N	Ò	H	P	N	Ă	V	O	U

TIỀN
CỬA TIỆM
NGÂN SÁCH
VĂN PHÒNG
NGHỀ NGHIỆP
CHI PHÍ
TIỀN TỆ
CHỦ NHÂN
NHÂN VIÊN
CÔNG TY
KINH TẾ
TÀI CHÍNH
THUẾ
ĐẦU TƯ
HÀNG HÓA
LỢI NHUẬN
THU NHẬP
GIAO DỊCH
NHÀ MÁY
BÁN

39 - Activités

L	Y	L	M	O	Q	K	P	G	M	L	C	N	Đ
G	À	U	U	Y	B	C	V	N	A	Đ	O	P	Ồ
V	T	M	K	I	D	Â	Q	Ă	V	D	T	Q	T
U	V	A	V	V	O	U	G	N	Ò	L	I	À	H
V	G	K	K	Ư	K	Đ	N	Ỹ	U	Q	B	I	Ủ
M	N	Q	O	T	Ờ	Ố	Y	K	L	H	M	I	C
A	Ộ	K	P	R	H	N	Ả	P	Ế	I	H	N	Ô
T	Đ	Q	Y	Ò	N	Ắ	B	N	Ă	S	M	Y	N
H	T	Ọ	R	C	A	N	U	T	R	D	D	A	G
U	Ạ	C	C	H	R	C	Ắ	M	T	R	Ạ	I	Y
Ậ	O	Â	R	Ơ	T	Ậ	U	H	T	Ệ	H	G	N
T	H	U	T	I	C	T	H	Ư	G	I	Ã	N	L
R	V	C	I	Q	Ứ	G	I	Ả	I	T	R	Í	I
G	O	Á	Y	C	B	L	I	O	K	B	H	Y	B

HOẠT ĐỘNG
NGHỆ THUẬT
ĐỒ THỦ CÔNG
CẮM TRẠI
SĂN BẮN
KỸ NĂNG
MAY
LÀM VƯỜN
TRÒ CHƠI
ĐỌC
GIẢI TRÍ
MA THUẬT
BỨC TRANH
CÂU CÁ
NHIẾP ẢNH
HÀI LÒNG
CÂU ĐỐ
THƯ GIÃN
ĐAN

40 - Mode

G	R	C	Ế	T	C	Ự	H	T	N	N	U	H	O
Ố	B	P	G	Ú	I	G	C	R	Y	Ả	B	I	U
C	V	O	K	N	K	N	Ả	I	G	I	Ố	T	V
T	L	Y	T	E	Q	À	H	U	R	G	O	A	G
H	P	P	R	R	D	H	K	V	R	N	R	T	R
C	I	N	G	C	C	A	O	R	I	Ơ	V	H	P
Ị	T	Ệ	K	D	T	Ử	R	Đ	Q	Đ	O	C	I
L	V	B	N	M	O	C	V	Ắ	I	B	O	Á	V
H	Ả	O	Q	Đ	U	Ấ	C	T	Ế	K	Á	C	R
N	I	U	U	Y	Ạ	X	U	H	Ư	Ớ	N	G	Y
A	G	N	Ă	H	C	I	Ả	H	P	N	Ầ	N	G
H	K	H	I	Ê	M	T	Ố	N	Q	O	U	O	C
T	M	P	R	P	M	Ẫ	U	B	M	B	Q	H	C
V	H	T	K	N	G	H	Ề	T	H	Ê	U	P	P

PHẢI CHĂNG
CỬA HÀNG
NÚT
NGHỀ THÊU
ĐẮT
REN
THANH LỊCH
TỐI GIẢN
HIỆN ĐẠI
KHIÊM TỐN
MẪU
GỐC
THỰC TẾ
ĐƠN GIẢN
TINH VI
PHONG CÁCH
XU HƯỚNG
KẾT CẤU
VẢI
QUẦN ÁO

41 - Fleurs

H	B	G	K	P	P	O	P	P	Y	V	Y	I	H
O	Ồ	N	A	O	H	H	N	Á	C	T	S	K	O
A	C	Ơ	I	T	H	O	G	R	I	R	I	C	A
M	Ô	Ư	P	G	T	E	N	I	M	S	A	J	L
Ẫ	N	D	D	Y	Ử	L	Ồ	G	Á	Y	D	R	O
U	G	G	A	A	Đ	Ờ	H	T	L	M	A	T	A
Đ	A	N	A	O	I	I	A	Y	A	A	D	A	K
Ơ	N	Ớ	I	P	N	K	O	I	B	I	N	I	È
N	H	Ư	L	Q	H	H	H	A	Ở	R	K	N	N
B	Ó	H	O	A	H	U	P	A	C	E	Q	E	G
T	U	H	N	N	Ư	Y	T	Ụ	B	M	Â	D	C
U	D	N	G	I	Ơ	Ê	C	L	R	U	L	R	I
D	A	P	A	V	N	N	N	N	A	L	C	A	H
V	L	C	M	V	G	I	V	Y	I	P	H	G	C

BÓ HOA
GARDENIA
DÂM BỤT
JASMINE
TỬ ĐINH HƯƠNG
HOA LOA KÈN
MAGNOLIA
DAISY
PHONG LAN
POPPY
CÁNH HOA
BỒ CÔNG ANH
HOA MẪU ĐƠN
PLUMERIA
HOA HỒNG
HƯỚNG DƯƠNG
CỎ BA LÁ
LỜI KHUYÊN

42 - Nourriture #2

Q	C	Y	V	I	A	M	D	Á	C	M	I	C	P
L	A	K	U	C	L	Q	A	Y	H	L	C	Ầ	B
H	L	T	L	Y	Ô	U	G	M	U	U	L	N	U
Q	Ạ	B	Y	D	C	O	M	D	Ố	B	Ú	T	A
Y	N	N	G	N	Ô	B	M	Ă	I	G	A	Â	O
A	Q	A	H	G	S	H	Ấ	Í	U	I	M	Y	B
Y	O	H	K	N	B	C	N	T	T	I	Ì	G	À
C	L	Y	T	R	H	A	P	P	Q	À	P	B	I
T	Á	O	Q	G	O	Â	T	B	O	O	C	L	P
C	À	C	H	U	A	N	N	P	B	X	K	L	Y
Q	U	Ả	A	N	H	Đ	À	O	A	I	V	P	B
G	Ạ	O	I	O	A	Ì	M	H	N	Á	B	N	K
Q	U	Ả	K	I	W	I	G	N	Ứ	R	T	O	P
A	A	C	Y	O	A	R	C	T	I	T	K	P	Q

HẠNH NHÂN
CÀ TÍM
CHUỐI
LÚA MÌ
QUẢ ANH ĐÀO
CẦN TÂY
NẤM
SÔ CÔ LA
GIĂM BÔNG
QUẢ KIWI
TRÁI XOÀI
TRỨNG
BÁNH MÌ
CÁ
TÁO
GÀ
NHO
GẠO
CÀ CHUA

43 - Algèbre

M	D	N	Q	Q	N	V	C	K	H	V	S	Đ	V
A	S	A	A	T	O	I	Ứ	Y	D	H	Ố	Ơ	Ấ
T	U	Ố	G	O	G	V	H	H	Q	S	L	N	N
R	U	T	P	H	É	P	T	R	Ừ	A	Ư	G	Đ
Ậ	R	G	H	V	C	Á	G	I	Q	I	Ợ	I	Ề
N	T	N	P	Ô	T	H	N	B	N	Q	N	Ả	R
O	G	C	O	H	N	P	Ô	U	Q	M	G	N	O
M	K	B	M	Ạ	P	I	C	Ố	S	N	Â	H	P
T	G	O	N	N	N	Ả	Q	I	M	Ơ	A	Ó	R
I	Ổ	B	I	Ế	N	I	D	N	Ũ	A	Đ	A	B
Y	H	N	Ì	R	T	G	N	Ơ	Ư	H	P	Ồ	N
C	Ặ	O	G	N	T	U	Y	Ế	N	T	Í	N	H
M	S	Ố	K	H	Ô	N	G	N	U	H	T	T	P
Q	K	A	I	U	H	T	B	A	B	L	G	Y	A

SƠ ĐỒ
MŨ
PHƯƠNG TRÌNH
TỐ
SAI
CÔNG THỨC
PHÂN SỐ
VÔ HẠN
TUYẾN TÍNH
MA TRẬN
SỐ
NGOẶC
VẤN ĐỀ
SỐ LƯỢNG
ĐƠN GIẢN HÓA
GIẢI PHÁP
TỔNG
PHÉP TRỪ
BIẾN
SỐ KHÔNG

44 - Océan

Y	N	D	V	S	L	H	D	L	L	Ư	Ơ	N	B
S	B	B	B	Ó	O	A	Q	D	Y	Q	C	H	Ạ
A	Ã	O	P	N	U	A	O	I	V	H	K	O	C
N	O	T	O	G	V	R	Ù	A	I	L	D	C	H
H	T	D	M	Ô	T	M	I	Ứ	M	N	I	Á	T
Ô	Á	O	L	V	T	H	G	S	V	O	H	V	U
O	P	T	B	R	G	O	Ủ	D	O	T	M	O	Ộ
Q	Ậ	V	K	A	L	K	H	Y	L	T	V	I	C
C	M	T	H	U	Y	Ề	N	À	T	T	G	Ố	Q
V	Á	U	Y	C	A	V	D	Y	U	R	N	U	Q
G	C	N	B	Ọ	T	B	I	Ể	N	H	I	M	Q
K	H	H	G	T	R	Ả	L	Ạ	I	C	Á	Ề	M
N	G	V	H	Ừ	L	G	C	Á	H	E	O	T	U
R	V	Y	I	N	Q	Q	V	I	P	H	K	V	A

LƯƠN
CÁ VOI
THUYỀN
SAN HÔ
CUA
TÔM
CÁ HEO
BỌT BIỂN
HÀU
THỦY TRIỀU
SỨA
CÁ
BẠCH TUỘC
CÁ MẬP
TRẢ LẠI
MUỐI
BÃO TÁP
CÁ NGỪ
RÙA
SÓNG

45 - Antiquités

V	V	D	C	Ứ	S	G	N	A	R	T	R	T	C
O	H	M	H	C	Ị	L	H	N	A	H	T	R	H
Đ	Ấ	U	G	I	Á	Y	C	T	U	Ậ	O	A	Ấ
H	I	N	G	R	O	G	U	H	M	T	K	N	T
G	L	K	P	G	O	V	X	U	C	Ấ	Q	G	L
I	D	K	H	C	Á	C	G	N	O	H	P	T	Ư
Đ	I	Ề	U	K	I	Ệ	N	P	L	T	Đ	R	Ợ
T	H	Ế	K	Ỷ	K	P	Ồ	H	I	I	Ầ	Í	N
Q	B	G	N	T	Y	O	Đ	Ụ	D	Ộ	U	R	G
Đ	I	Ê	U	K	H	Ắ	C	C	D	N	T	C	Q
B	Ộ	S	Ư	U	T	Ậ	P	H	A	Ồ	Ư	C	Ũ
D	G	U	U	G	C	Q	T	Ồ	P	Đ	N	Q	I
O	Q	P	D	Ị	R	T	Á	I	G	G	I	Á	U
R	Y	M	N	G	H	Ệ	T	H	U	Ậ	T	A	I

NGHỆ THUẬT
THẬT
TRANG SỨC
THU
ĐIỀU KIỆN
TRANG TRÍ
ĐẤU GIÁ
THANH LỊCH
BỘ SƯU TẬP
ĐẦU TƯ
ĐỒ NỘI THẤT
ĐỒNG XU
GIÁ
CHẤT LƯỢNG
PHỤC HỒI
ĐIÊU KHẮC
THẾ KỶ
PHONG CÁCH
GIÁ TRỊ
CŨ

46 - Boxe

T	P	H	Ụ	C	H	Ồ	I	B	V	L	G	G	V
D	R	K	A	C	H	U	Ô	N	G	C	L	Y	U
O	U	Ọ	O	H	A	T	L	R	L	O	H	T	B
C	M	B	N	H	V	N	O	P	Y	R	G	Ó	C
D	O	N	K	G	N	Ừ	H	T	Y	Â	D	Y	V
Ĩ	O	T	Ể	H	T	Ơ	C	L	V	H	A	B	Y
S	D	R	L	G	U	À	C	Ằ	M	Ể	I	Đ	O
U	Ứ	K	L	T	U	C	I	N	Ắ	M	T	A	Y
Ấ	I	C	C	H	Ấ	N	T	H	Ư	Ơ	N	G	A
Đ	D	A	M	Ể	I	Đ	U	Ê	I	T	Đ	L	T
I	P	L	N	Ạ	K	I	Ệ	T	S	Ứ	C	Á	G
T	M	Q	V	L	N	Đ	Ố	I	T	H	Ủ	B	N
K	Ỹ	N	Ă	N	G	H	N	A	H	N	A	V	Ă
Q	M	K	K	H	U	Ỷ	U	T	A	Y	B	K	G

ĐỐI THỦ
TRỌNG TÀI
CHẤN THƯƠNG
CHUÔNG
GÓC
ĐẤU SĨ
KỸ NĂNG
TIÊU ĐIỂM
DÂY THỪNG
CƠ THỂ
KHUỶU TAY
ĐÁ
KIỆT SỨC
SỨC MẠNH
GĂNG TAY
CẰM
NẮM TAY
ĐIỂM
NHANH
PHỤC HỒI

47 - Fruit

Q	T	P	I	O	U	Đ	T	L	U	P	T	I	D
D	U	U	D	Ứ	A	À	L	H	H	M	R	V	Q
G	N	Ả	Y	B	R	O	Y	K	D	O	Á	T	U
N	U	K	K	R	H	H	D	R	P	I	I	Q	Ả
P	Y	P	K	I	C	N	O	N	R	À	B	H	M
P	C	I	C	P	W	K	C	Q	A	O	Ơ	A	Ọ
Q	B	R	K	K	V	I	M	Â	M	X	Ô	I	N
D	U	Q	O	H	C	D	Ư	A	A	I	K	R	G
Q	R	Ả	B	B	H	N	A	H	C	Á	T	O	I
O	L	Ê	M	Q	U	N	O	D	M	R	R	O	N
M	P	L	H	Ơ	Ố	O	Ì	O	Y	T	U	N	V
R	I	C	B	C	I	Ổ	Q	H	T	Y	L	P	Y
C	Â	Y	X	U	Â	N	Đ	À	O	Đ	U	Đ	Ủ
Q	U	Ả	A	N	H	Đ	À	O	B	V	D	I	A

QUẢ MƠ
DỨA
TRÁI BƠ
QUẢ MỌNG
CHUỐI
QUẢ ANH ĐÀO
CHANH
HÌNH
MÂM XÔI
ỔI

QUẢ KIWI
TRÁI XOÀI
DƯA
CÂY XUÂN ĐÀO
CAM
ĐU ĐỦ
ĐÀO
LÊ
TÁO
NHO

48 - Technologie

M	Y	R	C	M	Ố	A	V	T	Q	O	D	Q	N
T	Á	T	H	P	S	T	H	H	P	A	C	H	G
M	P	Y	Ữ	R	T	R	Ở	R	T	N	O	C	H
T	H	I	Ả	D	Ậ	Ư	D	V	E	N	L	Ả	I
R	Ầ	V	C	N	U	N	D	L	N	I	Q	G	Ê
Ì	N	Y	V	I	H	G	B	L	R	N	V	R	N
N	M	A	B	T	T	B	Y	U	E	H	H	L	C
H	Ề	U	V	P	Ỹ	À	P	H	T	T	N	C	Ứ
D	M	Q	K	Ậ	K	Y	N	N	N	H	Í	Y	U
U	H	Y	H	T	B	L	O	G	I	Ố	T	N	V
Y	T	H	Ô	N	G	Đ	I	Ệ	P	N	Y	D	T
Ệ	D	Ữ	L	I	Ệ	U	Q	A	N	G	Á	I	D
T	N	Ộ	I	B	V	I	R	Ú	T	K	M	À	N
G	U	N	M	I	K	K	C	I	A	Ê	A	N	N

TRƯNG BÀY
BLOG
MÁY ẢNH
CON TRỎ
DỮ LIỆU
MÀN
TẬP TIN
INTERNET
PHẦN MỀM
THÔNG ĐIỆP
TRÌNH DUYỆT
KỸ THUẬT SỐ
NỘI
MÁY TÍNH
CHỮ
NGHIÊN CỨU
AN NINH
THỐNG KÊ
ẢO
VI RÚT

49 - Musique

G	I	Ọ	N	G	H	Á	T	V	D	D	B	T	G
D	C	O	P	D	H	Y	P	Ợ	H	A	Ò	H	H
G	I	A	I	Đ	I	Ệ	U	T	K	L	T	Ơ	I
P	L	I	L	K	P	G	G	P	K	L	R	O	Â
Y	Ị	N	T	R	Ữ	T	Ì	N	H	A	Q	U	M
L	U	H	Ứ	Â	N	O	N	T	Ể	B	B	R	U
L	T	Ạ	N	M	M	C	P	Y	R	I	Ộ	O	B
C	Ụ	C	G	N	Ụ	D	A	R	C	O	Đ	I	L
I	D	S	B	H	B	K	R	S	O	H	N	Ổ	A
L	B	Ĩ	I	Ạ	T	R	E	L	Ĩ	P	Ế	M	C
U	G	G	Ế	C	P	P	P	Q	M	I	I	G	A
K	T	Q	N	C	P	D	O	N	Q	D	T	Á	H
A	K	O	P	P	N	H	Ị	P	N	H	À	N	G
M	I	C	R	O	P	H	O	N	E	B	Q	T	I

ALBUM
BALLAD
HÁT
CA SĨ
CỔ ĐIỂN
GHI ÂM
HÒA HỢP
ỨNG BIẾN
DỤNG CỤ
TRỮ TÌNH
GIAI ĐIỆU
MICROPHONE
ÂM NHẠC
NHẠC SĨ
OPERA
THƠ
NHỊP
NHỊP NHÀNG
TIẾN ĐỘ
GIỌNG HÁT

50 - Météo

N	D	L	G	I	Ó	H	B	P	H	O	Ù	A	A
T	N	Y	Ố	C	Ầ	U	V	Ồ	N	G	M	T	G
V	L	H	Y	C	G	I	Ó	M	Ù	A	G	I	N
Ô	Í	A	K	O	X	H	D	L	D	N	N	N	P
K	H	Í	H	Ậ	U	O	O	Ã	B	N	Ơ	C	Ẩ
U	K	K	C	D	T	H	Á	U	A	H	Ư	S	M
K	G	P	C	Ự	C	H	U	Y	A	I	S	Ấ	Ư
I	N	Á	H	N	Ạ	H	N	R	L	Ệ	U	M	Ớ
D	Ô	T	G	R	M	U	U	V	Ũ	T	D	S	T
D	H	O	D	L	L	Q	Q	N	L	Đ	G	É	P
V	K	Ã	Q	U	Y	N	Q	N	Ụ	Ộ	H	T	P
U	P	B	N	Ư	Ớ	C	Đ	Á	T	Y	M	R	M
Đ	Á	M	M	Â	Y	L	K	Q	R	M	A	L	M
N	H	I	Ệ	T	Đ	Ớ	I	Ờ	R	T	U	Ầ	B

CẦU VỒNG
KHÔNG KHÍ
SƯƠNG MÙ
BẦU TRỜI
KHÍ HẬU
NƯỚC ĐÁ
ẨM ƯỚT
LŨ LỤT
GIÓ MÙA
ĐÁM MÂY

CƠN BÃO
CỰC
KHÔ
HẠN HÁN
NHIỆT ĐỘ
BÃO TÁP
SẤM SÉT
LỐC XOÁY
NHIỆT ĐỚI
GIÓ

51 - L'Entreprise

B	O	P	I	C	K	P	U	A	T	V	R	S	D
Y	R	P	I	I	H	I	V	Q	M	C	A	Ả	O
G	I	I	A	G	A	Ấ	N	V	A	A	G	N	A
Y	Ủ	Ộ	B	N	Ế	I	T	H	Y	T	Y	P	N
T	R	Ì	N	H	B	À	Y	L	D	V	D	H	H
T	À	I	N	G	U	Y	Ê	N	Ư	O	N	Ẩ	T
I	A	O	Ạ	T	G	N	Á	S	N	Ợ	A	M	H
Q	R	T	I	Ề	N	L	Ư	Ơ	N	G	N	N	U
Đ	I	R	L	P	Ă	D	L	C	A	N	H	G	H
H	Ầ	U	Ầ	C	N	À	O	T	G	Ớ	A	V	B
K	O	U	K	H	Ả	A	O	B	V	Ư	G	L	G
Q	G	B	T	G	H	T	T	N	C	H	I	D	H
N	R	O	Y	Ư	K	U	Q	N	Y	U	L	M	C
D	A	N	H	T	I	Ế	N	G	P	X	G	O	Q

KINH DOANH
SÁNG TẠO
TOÀN CẦU
ĐẦU TƯ
KHẢ NĂNG
TRÌNH BÀY
SẢN PHẨM
TIẾN BỘ
CHẤT LƯỢNG
TÀI NGUYÊN
DOANH THU
DANH TIẾNG
RỦI RO
TIỀN LƯƠNG
XU HƯỚNG

52 - Gouvernement

T	N	E	M	U	N	O	M	P	Q	H	Q	Q	C
Ậ	H	N	Ì	B	A	Ò	H	H	U	I	U	U	H
U	N	Ả	Q	Q	Q	B	M	Á	Ậ	Ế	Ố	Ố	Í
L	Ủ	G	O	U	T	N	N	T	N	N	C	C	N
H	H	N	D	L	Y	H	T	B	R	P	G	T	H
G	C	Ẳ	Ự	R	U	Ề	R	I	A	H	I	Ị	T
D	N	Đ	T	Q	U	Ậ	N	Ể	V	Á	A	C	R
G	Â	H	A	K	V	P	N	U	O	P	L	H	Ị
P	D	N	T	Ư	P	H	Á	P	Ậ	L	C	Ộ	Đ
K	R	Ì	S	S	Ự	C	Ô	N	G	B	Ằ	N	G
Y	B	B	V	Ự	T	I	Ể	U	B	A	N	G	Q
K	I	G	Y	L	Q	P	U	G	R	G	V	V	N
B	I	Ể	U	T	Ư	Ợ	N	G	T	R	D	V	Y
M	V	L	B	M	T	V	B	C	L	A	T	C	U

QUỐC TỊCH
DÂN SỰ
HIẾN PHÁP
DÂN CHỦ
PHÁT BIỂU
THẢO LUẬN
QUẬN
QUYỀN
BÌNH ĐẲNG
TIỂU BANG
ĐỘC LẬP
TƯ PHÁP
SỰ CÔNG BẰNG
TỰ DO
LUẬT
MONUMENT
QUỐC GIA
HÒA BÌNH
CHÍNH TRỊ
BIỂU TƯỢNG

53 - Randonnée

K	M	L	T	N	H	M	S	M	Ã	I	Ú	N	O
R	H	K	H	H	Y	Á	Ự	T	D	K	R	Ê	P
A	M	Í	V	H	M	Y	Đ	V	G	O	P	I	K
C	V	R	H	P	G	C	Ị	B	N	Ẩ	U	H	C
C	N	I	B	Ậ	C	B	N	H	A	I	R	N	K
N	T	Ệ	M	O	U	Ả	H	D	O	Ạ	O	N	R
Ê	Ế	Ậ	B	N	M	N	H	V	H	R	U	Ê	R
I	I	C	V	T	I	Đ	Ư	B	Q	T	B	I	U
V	T	O	T	G	P	Ồ	Ớ	H	I	M	H	H	L
G	I	À	Y	Ố	N	G	N	Ặ	N	Ắ	A	T	B
N	Ờ	V	Y	H	B	Ộ	G	V	Á	C	H	Đ	Á
Ô	H	U	D	Y	T	Q	Đ	U	P	G	R	B	N
C	T	B	O	H	U	O	P	N	Ư	Ớ	C	V	N
M	Ố	I	N	G	U	Y	H	I	Ể	M	D	T	G

ĐỘNG VẬT
GIÀY ỐNG
CẮM TRẠI
BẢN ĐỒ
KHÍ HẬU
MỐI NGUY HIỂM
NƯỚC
VÁCH ĐÁ
MỆT
NẶNG
THỜI TIẾT
NÚI
THIÊN NHIÊN
SỰ ĐỊNH HƯỚNG
CÔNG VIÊN
ĐÁ
CHUẨN BỊ
HOANG DÃ

54 - Nutrition

G	O	I	T	D	H	N	Ạ	M	E	Ỏ	H	K	C
R	T	C	I	L	L	Ă	Ư	N	G	D	B	V	A
G	B	H	Ê	V	Ê	S	N	Ớ	I	D	M	P	R
V	C	D	U	L	N	Ứ	I	K	C	R	G	Y	B
C	L	C	H	H	M	C	E	M	I	X	V	A	O
C	A	T	Ó	C	E	K	T	N	D	Ê	Ố	P	H
H	C	L	A	H	N	H	O	R	Y	D	N	T	Y
Ấ	A	D	O	Ấ	T	Ỏ	R	A	N	M	Ị	G	D
T	N	T	V	T	B	E	P	G	I	A	V	Ị	R
L	G	H	H	L	C	Â	N	N	Ặ	N	G	R	A
Ỏ	O	U	L	Ư	Đ	Ộ	C	T	Ố	A	N	B	T
N	N	T	Q	Ợ	Đ	Ắ	N	G	Y	R	Ơ	H	E
G	N	Ằ	B	N	Â	C	P	G	I	T	Ư	A	O
U	C	D	N	G	Ă	N	Đ	Ư	Ợ	C	H	R	R

ĐẮNG
NGON
CALO
ĂN ĐƯỢC
ĂN KIÊNG
TIÊU HÓA
GIA VỊ
CÂN BẰNG
LÊN MEN
CARBOHYDRATE
CHẤT LỎNG
CÂN NẶNG
PROTEIN
CHẤT LƯỢNG
KHỎE MẠNH
SỨC KHỎE
NƯỚC XỐT
HƯƠNG VỊ
ĐỘC TỐ

55 - Créativité

Y	C	Ự	H	T	C	Á	X	H	N	Í	T	T	C
M	D	M	C	T	Á	D	G	N	Ở	Ư	T	Ý	Ả
B	I	Ể	U	H	I	Ệ	N	N	Y	A	R	D	M
G	L	P	H	N	G	I	Ứ	D	Ỏ	N	C	G	X
C	V	I	T	Ả	C	P	H	D	B	L	D	G	Ú
Ư	S	R	Y	T	Ự	B	M	L	R	R	B	L	C
Ờ	Á	A	C	O	R	G	Ả	T	Ự	P	H	Á	T
N	N	G	A	P	T	T	C	K	C	N	P	K	T
G	G	N	À	R	Õ	R	Á	N	Ị	D	I	Ỹ	Ầ
Đ	T	Ợ	C	L	G	U	I	M	B	C	G	N	M
Ộ	Ạ	Ư	P	U	V	R	G	U	K	Y	H	Ă	N
G	O	T	O	U	C	I	M	M	A	Q	Y	N	H
G	H	N	D	U	H	U	Ả	V	A	V	I	G	Ì
Q	V	Ấ	K	K	T	H	C	B	I	D	G	L	N

TÍNH XÁC THỰC
RÕ RÀNG
KỸ NĂNG
KỊCH
BIỂU HIỆN
CẢM XÚC
LỎNG
Ý TƯỞNG
ẢNH
ẤN TƯỢNG
CẢM HỨNG
CƯỜNG ĐỘ
TRỰC GIÁC
SÁNG TẠO
CẢM GIÁC
TỰ PHÁT
TẦM NHÌN

56 - Science Fiction

K	Ả	H	A	X	D	Y	S	T	O	P	I	A	O
C	Ị	O	V	Y	A	Y	H	D	S	Y	U	I	R
Ô	R	C	G	L	O	X	V	H	Á	V	L	P	A
N	K	Ự	H	I	N	G	Ô	N	C	G	R	O	C
G	R	C	R	B	Á	P	Q	I	H	M	L	T	L
N	Ẩ	Í	B	K	Ả	C	T	T	M	D	V	U	E
G	L	G	P	M	Ổ	N	T	H	I	Ê	N	H	À
H	Ử	T	H	Ự	C	T	Ế	N	Ớ	I	K	O	K
Ệ	A	U	Q	I	N	H	A	À	I	N	O	H	R
T	Ư	Ơ	N	G	L	A	I	H	G	Q	L	A	V
K	K	O	V	Q	L	V	C	U	Ế	V	V	D	A
N	G	U	Y	Ê	N	T	Ử	R	H	G	G	T	N
R	L	L	G	Y	G	I	Ờ	V	T	Ệ	Y	U	T
T	Ư	Ở	N	G	T	Ư	Ợ	N	G	R	H	D	C

NGUYÊN TỬ
DYSTOPIA
NỔ
CỰC
TUYỆT VỜI
LỬA
TƯƠNG LAI
THIÊN HÀ
ẢO GIÁC
TƯỞNG TƯỢNG
SÁCH
XA XÔI
THẾ GIỚI
BÍ ẨN
ORACLE
HÀNH TINH
THỰC TẾ
KỊCH BẢN
CÔNG NGHỆ
UTOPIA

57 - Vertus #1

T	Ậ	U	H	T	Ệ	H	G	N	T	T	O	K	Y
A	H	U	B	A	M	Ả	M	V	Ò	H	C	I	Q
K	G	Ô	H	C	Í	U	Ữ	H	M	Ự	M	Ê	O
T	H	P	N	K	P	Q	B	I	Ò	C	M	N	D
Ư	K	I	A	G	K	U	T	C	B	T	Y	N	P
Ở	H	P	Ê	B	M	Ệ	V	C	L	Ế	O	H	Ậ
N	Ô	R	M	M	K	I	M	T	G	C	P	Ẫ	L
G	N	B	M	G	T	H	N	T	Ố	G	Ẹ	N	C
T	N	Y	A	M	N	Ố	A	H	B	T	D	U	Ộ
Ư	G	R	Đ	Y	Ậ	C	N	I	T	G	N	Á	Đ
Ợ	O	Q	U	Y	Ế	N	R	Ũ	V	N	Ọ	V	P
N	A	Q	U	Y	Ế	T	Đ	Ị	N	H	D	R	B
G	N	B	U	Ồ	N	C	Ư	Ờ	I	C	R	L	C
R	Ộ	N	G	L	Ư	Ợ	N	G	Q	Y	K	V	Q

NGHỆ THUẬT
TỐT
QUYẾN RŨ
TÒ MÒ
QUYẾT ĐỊNH
BUỒN CƯỜI
HIỆU QUẢ
ĐÁNG TIN CẬY
RỘNG LƯỢNG
TƯỞNG TƯỢNG
ĐỘC LẬP
THÔNG MINH
KHIÊM TỐN
ĐAM MÊ
KIÊN NHẪN
THỰC TẾ
DỌN DẸP
KHÔN NGOAN
HỮU ÍCH

58 - Professions #1

G	N	Q	I	L	T	V	P	N	M	C	M	B	N
N	Ủ	L	B	Y	H	O	Ũ	M	A	T	G	I	H
À	H	T	H	O	Ợ	O	V	C	B	Y	B	Ê	Ạ
H	T	À	D	L	S	V	T	R	Ô	Q	P	N	C
N	Y	I	Đ	P	Ă	U	G	D	I	N	G	T	S
Â	Ủ	G	H	Ị	N	B	V	V	A	K	G	Ậ	Ĩ
G	H	P	D	G	A	T	H	Ợ	M	A	Y	P	D
N	T	G	P	T	N	C	I	V	Y	G	U	V	Y
T	K	Đ	Ạ	I	S	Ứ	H	B	T	N	Q	I	K
R	E	B	M	U	L	P	L	Ấ	Á	A	I	Ê	Ế
N	D	V	Á	R	D	P	D	O	T	M	Q	N	T
O	T	G	P	C	J	E	W	E	L	E	R	Y	O
M	M	T	O	D	S	L	U	Ậ	T	S	Ư	C	Á
R	Q	H	G	U	T	Ĩ	S	Ệ	H	G	N	D	N

ĐẠI SỨ
NGHỆ SĨ
LUẬT SƯ
NGÂN HÀNG
JEWELER
THỢ SĂN
KẾ TOÁN
VŨ CÔNG
BIÊN TẬP VIÊN
NHÀ ĐỊA CHẤT
Y TÁ
THỦY THỦ
BÁC SĨ
NHẠC SĨ
PLUMBER
THỢ MAY

59 - Géologie

V	R	L	T	H	Ạ	C	H	A	N	H	N	M	N
N	Ó	N	G	C	H	Ả	Y	H	Ê	K	U	B	Ú
L	A	U	R	Y	P	L	K	Ó	Y	H	K	K	I
A	Ị	Đ	C	Ụ	L	B	G	A	U	O	P	Ớ	L
C	X	C	Ể	Á	Đ	B	T	T	G	Á	K	Q	Ử
L	R	I	H	Đ	Á	Đ	Ũ	H	N	N	M	T	A
D	Y	A	T	G	G	M	B	Ạ	O	G	R	M	O
U	I	Ô	H	N	A	S	I	C	A	S	L	K	T
N	B	Y	N	Ă	O	L	P	H	C	Ả	T	O	R
G	V	P	I	M	G	N	Ộ	Đ	G	N	A	H	C
N	H	Ù	T	U	N	Ò	M	I	Ó	X	K	Y	G
H	N	N	N	B	T	R	U	U	Y	D	N	V	N
A	G	T	R	G	O	G	Ố	U	A	N	Q	G	R
M	U	I	C	L	A	C	I	M	D	C	G	B	H

AXIT
CALCIUM
HANG ĐỘNG
LỤC ĐỊA
SAN HÔ
LỚP
TINH THỂ
XÓI MÒN
NÓNG CHẢY
HÓA THẠCH
DUNG NHAM
KHOÁNG SẢN
ĐÁ
CAO NGUYÊN
THẠCH ANH
MUỐI
NHŨ ĐÁ
MĂNG ĐÁ
NÚI LỬA
VÙNG

60 - Cirque

S	U	I	L	Y	A	K	M	Q	H	I	P	L	Đ
Ư	G	Ổ	Q	Ề	G	D	G	A	Q	C	H	Ỉ	Ẹ
T	P	H	I	P	U	M	L	A	T	N	U	M	P
Ử	I	N	L	G	T	D	O	A	A	H	P	L	M
H	T	O	K	N	G	U	O	V	B	K	U	T	Ắ
U	H	C	T	Q	N	M	T	V	O	Ẹ	K	Ậ	T
I	M	Ụ	O	D	G	M	I	H	R	C	A	C	T
T	V	H	I	K	Ỉ	O	V	B	C	T	L	Ừ	A
K	B	P	C	Ạ	H	N	M	Â	A	N	C	C	H
C	H	G	H	M	K	Á	M	B	O	D	É	V	I
B	Ó	N	G	B	A	Y	N	C	O	N	V	O	I
R	U	A	U	G	N	Ứ	H	G	N	U	T	C	P
T	D	R	N	C	C	C	M	U	I	T	Y	U	G
O	P	T	Ậ	V	G	N	Ộ	Đ	I	Ả	I	T	O

ACROBAT
ĐỘNG VẬT
LỪA
BÓNG BAY
VÉ
KẸO
TRANG PHỤC
CON VOI
TUNG HỨNG

SƯ TỬ
MA THUẬT
CHỈ
ÂM NHẠC
KHỈ
ĐẸP MẮT
KHÁN GIẢ
LỀU
CON HỔ

61 - Jardin

V	Õ	N	G	P	V	D	K	T	L	N	N	K	Q
K	M	O	A	D	Q	D	G	Ấ	V	I	D	Q	N
L	Q	C	A	L	U	M	D	M	R	I	V	C	P
H	G	C	K	A	U	M	H	B	M	A	P	I	V
L	K	Y	B	I	O	D	L	Ạ	W	V	Y	A	N
P	Ế	H	G	G	N	Ă	B	T	E	Ò	U	L	T
N	T	O	B	Ụ	I	C	Â	Y	E	I	P	I	U
P	Q	A	K	Y	T	L	N	L	D	T	M	T	I
M	O	Ỏ	P	A	A	B	Q	U	S	K	N	O	R
G	H	C	O	V	C	P	N	A	G	Q	R	C	Ẻ
N	A	I	Â	Y	D	B	O	À	R	G	N	À	H
Ẻ	H	R	Ê	Y	H	U	A	D	P	O	T	O	T
X	K	V	A	N	Ờ	Ư	V	B	D	K	Ấ	I	D
S	Â	N	T	H	Ư	Ợ	N	G	M	M	Đ	Á	I

CÂY
BĂNG GHẾ
BỤI CÂY
HÀNG RÀO
AO
HOA
GA-RA
VÕNG
CỎ
VƯỜN
WEEDS
XẺNG
HIÊN
CÀO
ĐÁ
ĐẤT
SÂN THƯỢNG
TẤM BẠT
VÒI
THẺ

62 - Santé et Bien Être #1

Q	Y	O	A	C	U	Ề	I	H	C	R	D	U	N
N	Ã	I	G	Ư	H	T	H	U	Ố	C	I	D	O
H	Q	V	V	Q	N	Ấ	G	A	U	O	R	L	L
O	D	P	R	H	L	H	N	Ẩ	U	H	K	I	V
Ạ	T	M	C	C	H	Q	E	T	Đ	Y	Y	U	V
T	R	C	Ơ	B	Ắ	P	U	I	H	Ó	K	A	I
Đ	Ị	A	N	U	L	I	Q	U	O	Ư	I	Ạ	R
Ộ	L	Ị	R	T	U	Ề	I	Đ	D	A	Ơ	X	Ú
N	I	X	Ư	Ơ	N	G	Ó	M	A	M	Y	N	T
G	Ệ	P	L	N	M	B	H	B	K	G	O	Ả	G
Q	U	D	Ế	H	T	Ư	T	Y	Á	T	T	H	K
T	I	Ệ	M	T	H	U	Ố	C	D	C	Y	P	L
K	Í	C	H	T	H	Í	C	H	T	Ố	S	B	H
L	G	Ã	Y	X	Ư	Ơ	N	G	A	M	B	Ĩ	C

HOẠT ĐỘNG
VI KHUẨN
CHẤN THƯƠNG
ĐÓI
GÃY XƯƠNG
THÓI QUEN
CHIỀU CAO
KÍCH THÍCH TỐ
BÁC SĨ
THUỐC
CƠ BẮP
XƯƠNG
DA
TIỆM THUỐC
TƯ THẾ
THƯ GIÃN
PHẢN XẠ
TRỊ LIỆU
ĐIỀU TRỊ
VI RÚT

63 - Barbecues

Â	B	B	C	N	I	T	C	C	R	A	U	G	N
C	M	T	Y	I	M	R	C	P	A	H	B	I	R
Đ	À	N	B	B	Q	Á	S	Y	I	Y	N	A	B
Ó	D	C	H	Y	A	I	U	A	P	R	G	Đ	Y
I	A	T	H	Ạ	B	C	T	B	L	C	G	Ì	B
Q	O	T	G	U	C	Â	C	Ữ	Q	A	M	N	Ữ
Q	K	Y	T	V	A	Y	O	A	G	C	D	H	A
G	N	D	A	M	U	Ố	I	T	C	R	Q	S	T
D	M	K	L	G	K	N	Ơ	Ố	I	N	N	N	R
T	I	Ê	U	L	B	K	H	I	R	V	I	Ư	Ư
B	Y	H	À	N	H	O	C	G	N	Ó	N	Ớ	A
Y	B	T	R	Ẻ	E	M	Ò	À	A	A	N	N	I
L	M	Ù	A	H	È	T	R	H	D	M	Y	G	P
P	G	G	D	D	V	B	T	Ố	X	C	Ớ	Ư	N

NÓNG
DAO
BỮA TRƯA
BỮA TỐI
TRẺ EM
MÙA HÈ
ĐÓI
GIA ĐÌNH
TRÁI CÂY
NƯỚNG
TRÒ CHƠI
RAU
ÂM NHẠC
HÀNH
TIÊU
GÀ
SALADS
NƯỚC XỐT
MUỐI
CÀ CHUA

64 - Ferme #1

Q	H	C	C	Ỏ	K	H	Ô	C	O	N	O	N	G
R	À	O	Ạ	G	M	U	L	H	V	À	G	G	N
P	N	N	Ó	B	N	Â	H	P	B	Đ	V	U	Ờ
N	G	M	M	B	D	I	I	R	Ò	I	R	H	Ư
C	R	È	O	Ậ	Ê	G	V	Y	R	G	U	N	R
P	À	O	R	U	T	A	G	H	Ừ	O	A	Ô	T
T	O	R	T	T	A	O	N	N	N	Y	B	N	N
C	O	N	Q	U	Ạ	Ự	N	M	G	A	R	G	Ư
D	D	U	B	B	Q	H	G	G	L	B	C	N	Ớ
B	D	R	C	T	T	D	O	N	K	E	Y	G	C
G	B	H	M	K	O	Y	C	O	G	M	N	H	P
B	M	R	Y	A	K	K	A	M	L	A	P	I	N
M	Ò	M	K	R	V	D	P	H	H	L	H	Ệ	C
C	H	Ó	B	Ắ	P	C	H	Â	N	I	Y	P	B

CON ONG
NÔNG NGHIỆP
DONKEY
BÒ RỪNG
TRƯỜNG
CON MÈO
NGỰA
DÊ
CHÓ
HÀNG RÀO
CON QUẠ
NƯỚC
PHÂN BÓN
CỎ KHÔ
MẬT ONG
GÀ
GẠO
ĐÀN
BÒ
BẮP CHÂN

65 - Café

P	D	H	V	C	B	U	Ổ	I	S	Á	N	G	Đ
C	Ớ	Ư	N	Ố	H	C	Ố	C	D	M	D	V	Ồ
Ọ	D	Ơ	U	G	R	Ấ	Q	H	L	T	H	P	U
L	G	N	K	V	D	Q	T	B	U	M	K	H	Ố
Ộ	A	G	N	Ờ	Ư	Đ	U	L	P	K	M	Y	N
B	C	V	Y	O	M	T	L	A	Ỏ	R	L	V	G
R	A	Ị	N	R	Đ	A	P	O	U	N	A	D	Y
Q	G	M	S	K	E	T	G	C	G	C	G	N	Q
O	Y	H	O	Ữ	N	H	B	U	D	O	B	D	G
U	B	Q	G	T	A	U	Y	Ố	M	Y	B	T	D
Q	O	U	I	R	B	Y	I	N	Y	O	A	I	K
L	U	K	Á	K	X	A	Y	G	D	T	M	O	T
Q	P	E	N	I	E	F	F	A	C	H	R	C	G
G	Y	M	Ơ	H	T	G	Đ	Ắ	N	G	P	R	K

ĐẮNG
THƠM
UỐNG
ĐỒ UỐNG
CAFFEINE
KEM
NƯỚC
BỘ LỌC
SỮA
CHẤT LỎNG
BUỔI SÁNG
XAY
ĐEN
GỐC
GIÁ
RANG
HƯƠNG VỊ
ĐƯỜNG
CỐC

66 - Antarctique

S	R	K	C	A	U	V	R	R	G	Y	M	M	K
Đ	Ô	L	H	U	B	Ị	B	O	Ả	Đ	N	Á	B
Ị	L	N	O	O	M	N	G	C	P	O	M	V	C
A	N	Ồ	G	Y	Á	H	K	K	D	B	Q	K	Ọ
H	U	T	N	B	P	N	C	Y	N	Ư	Ớ	C	H
Ì	I	O	Ă	P	Ă	B	G	L	Ụ	C	Đ	Ị	A
N	A	Ả	B	Q	N	N	U	S	L	G	M	N	O
H	I	B	M	N	U	Y	G	U	Ả	Q	M	B	H
Y	U	I	A	Ộ	Đ	T	Ệ	I	H	N	A	T	K
Â	P	O	V	K	Ý	L	A	Ị	Đ	N	Ô	M	Y
M	Ô	I	T	R	Ư	Ờ	N	G	Ả	P	D	V	R
M	T	À	M	I	H	C	P	H	O	P	O	T	L
Á	G	O	P	H	R	D	I	O	V	Á	C	V	C
Đ	G	L	A	I	U	G	N	D	B	Q	O	P	B

VỊNH
CÁ VOI
BẢO TỒN
LỤC ĐỊA
NƯỚC
MÔI TRƯỜNG
LOÀI
MÔN ĐỊA LÝ
BĂNG
SÔNG BĂNG
ĐẢO
DI CƯ
KHOÁNG SẢN
ĐÁM MÂY
CHIM
BÁN ĐẢO
ROCKY
KHOA HỌC
NHIỆT ĐỘ
ĐỊA HÌNH

67 - Professions #2

G	N	Ô	C	I	H	P	G	C	G	B	N	G	M
Ữ	I	H	A	A	I	G	T	Ế	I	R	T	V	P
G	Ạ	C	I	M	O	H	A	P	Á	H	N	I	C
N	O	Ọ	C	Ế	M	D	O	Ử	O	K	Ô	T	P
N	H	H	O	H	P	T	D	T	V	B	N	T	H
Ô	N	A	Ĩ	Y	Í	Ả	G	M	I	Á	G	R	I
G	M	Ó	S	A	N	N	N	Á	Ê	C	D	B	H
N	K	H	A	Ĩ	M	L	H	H	N	S	Â	O	À
À	I	À	Ọ	M	B	U	M	T	G	Ĩ	N	Ư	N
H	U	H	H	U	M	D	H	N	R	I	I	S	H
N	H	N	N	H	À	B	Á	O	D	Ị	A	O	G
N	H	À	X	U	Ấ	T	B	Ả	N	C	G	Á	I
D	B	N	L	H	I	N	C	P	R	I	Q	I	A
C	P	T	H	Ủ	T	H	Ư	S	Ỹ	K	O	G	A

NÔNG DÂN
PHI HÀNH GIA
THỦ THƯ
NHÀ HÓA HỌC
NHA SĨ
THÁM TỬ
GIÁO VIÊN
NHÀ XUẤT BẢN
HOẠ
KỸ SƯ

NHÀ BÁO
NHÀ NGÔN NGỮ
BÁC SĨ
HỌA SĨ
TRIẾT GIA
NHIẾP ẢNH GIA
PHI CÔNG
CHÍNH TRỊ GIA
GIÁO SƯ

68 - Les Abeilles

T	D	T	O	K	P	A	P	I	H	H	C	O	C
H	G	K	N	U	Y	C	H	H	I	Ệ	G	I	U
Ụ	N	Ă	C	Ứ	H	T	Ấ	Ọ	V	S	C	T	N
P	Ạ	Á	L	A	B	U	N	P	E	I	Ó	H	K
H	D	C	C	H	Q	B	H	L	Y	N	O	K	T
Ấ	A	B	D	O	O	B	O	Ạ	Y	H	U	P	I
N	Đ	Q	O	C	P	A	A	I	Â	T	N	C	U
C	Ô	N	T	R	Ù	N	G	Y	C	H	A	I	V
M	Ặ	T	T	R	Ờ	I	N	S	I	Á	Q	T	Q
V	O	M	R	Q	U	A	D	R	Á	I	C	Â	Y
Q	A	M	V	Ư	Ờ	N	I	D	R	P	A	U	L
N	Ữ	H	O	À	N	G	N	O	T	Ậ	M	U	T
M	H	P	D	L	R	Q	R	N	C	C	Y	K	H
D	N	Q	R	N	Y	C	Ó	L	Ợ	I	P	T	M

CÁNH
CÓ LỢI
SÁP
ĐA DẠNG
HỌP LẠI
HỆ SINH THÁI
HOA
TRÁI CÂY
KHÓI
CÔN TRÙNG
VƯỜN
MẬT ONG
THỨC ĂN
CÂY
PHẤN HOA
THỤ PHẤN
NỮ HOÀNG
HIVE
MẶT TRỜI

69 - Santé et Bien Être #2

X	O	A	B	Ó	P	C	V	I	T	A	M	I	N
N	R	Y	B	O	C	B	Ớ	B	P	B	O	Y	A
G	C	O	H	M	H	V	K	Ư	G	Ể	V	G	G
D	Ị	Ứ	N	G	V	Ệ	S	I	N	H	N	Ệ	B
D	N	C	Ạ	U	O	N	N	Ồ	Ợ	T	U	U	C
I	H	A	M	P	M	N	K	H	Ư	Ơ	Ấ	Á	Â
R	I	L	E	N	B	Ề	G	C	L	C	M	M	N
N	Ễ	O	Ỏ	C	V	Y	Y	Ụ	G	R	M	H	N
G	M	K	H	R	L	U	O	H	N	I	C	M	Ặ
O	T	G	K	T	B	R	V	P	Ă	Y	T	N	N
N	R	C	Ă	N	G	T	H	Ẳ	N	G	N	Q	G
T	Ù	K	T	N	Ệ	I	V	H	N	Ệ	B	R	A
D	N	G	N	Ỡ	Ư	D	H	N	I	D	I	R	O
U	G	G	I	Ả	I	P	H	Ẫ	U	H	Ọ	C	A

DỊ ỨNG
GIẢI PHẪU HỌC
NGON
CALO
CƠ THỂ
MẤT NƯỚC
NĂNG LƯỢNG
DI TRUYỀN
BỆNH VIỆN
VỆ SINH
NHIỄM TRÙNG
BỆNH
XOA BÓP
DINH DƯỠNG
CÂN NẶNG
PHỤC HỒI
KHỎE MẠNH
MÁU
CĂNG THẲNG
VITAMIN

70 - Conduite

A	U	D	B	O	G	Đ	Ộ	N	G	C	Ơ	U	P
Y	K	U	R	I	Ồ	I	X	R	N	C	T	Y	P
U	C	Ộ	B	I	Đ	T	A	E	N	D	B	C	É
U	U	T	A	I	N	Ạ	N	O	M	O	C	T	H
C	Ệ	L	R	Ả	Ả	Q	Ể	U	T	Á	M	B	P
Ả	I	A	A	T	B	B	Y	R	N	H	Y	P	Y
N	L	X	G	E	U	Y	U	B	T	O	Ô	Y	Ấ
H	N	E	D	X	D	T	H	L	N	K	A	N	I
S	Ê	H	A	T	K	C	C	Q	O	Ộ	H	A	G
Á	I	Ơ	M	Ầ	H	G	N	Ờ	Ư	Đ	N	Í	N
T	H	I	I	N	Q	G	Ậ	D	G	C	A	U	Ờ
A	N	T	O	À	N	H	V	H	B	Ố	H	U	Ư
N	G	U	Y	H	I	Ể	M	I	Y	T	P	Y	Đ
O	Q	M	R	O	L	A	U	D	Q	V	Y	A	T

TAI NẠN
XE TẢI
NHIÊN LIỆU
BẢN ĐỒ
NGUY HIỂM
PHANH
GA-RA
KHÍ
GIẤY PHÉP
ĐỘNG CƠ
XE MÁY
ĐI BỘ
CẢNH SÁT
ĐƯỜNG
AN TOÀN
GIAO THÔNG
VẬN CHUYỂN
ĐƯỜNG HẦM
TỐC ĐỘ
XE HƠI

71 - Plantes

H	R	M	L	B	L	M	I	U	H	H	Y	C	P
G	Ạ	Ừ	G	T	Ụ	V	P	A	D	K	N	Á	H
E	R	T	N	I	Y	I	Ỏ	T	G	L	I	N	Â
N	Y	C	Đ	G	A	L	C	U	N	A	I	H	N
V	K	L	G	Ậ	Q	U	Y	Â	P	D	D	H	B
R	A	G	G	I	U	I	R	C	Y	Â	C	O	Ó
Ê	T	H	Ự	C	V	Ậ	T	Ố	V	B	V	A	N
U	K	Q	U	Ả	M	Ọ	N	G	I	N	H	O	A
V	Ư	Ờ	N	O	R	G	O	N	H	Ê	G	T	R
K	G	N	M	M	H	R	L	Ồ	Q	L	Á	M	O
N	U	K	V	K	O	M	K	U	A	N	G	Q	L
K	P	I	Q	Q	B	B	H	G	R	Ớ	R	V	F
Q	A	H	L	L	R	R	A	N	A	L	U	I	O
X	Ư	Ơ	N	G	R	Ồ	N	G	N	N	O	P	V

CÂY
QUẢ MỌNG
TRE
BỤI CÂY
XƯƠNG RỒNG
PHÂN BÓN
LÁ
HOA
FLORA
RỪNG
LỚN LÊN
HẠT ĐẬU
CỎ
VƯỜN
IVY
RÊU
CÁNH HOA
NGUỒN GỐC
THỰC VẬT

72 - Ferme #2

G	R	M	U	R	Đ	Ồ	N	G	C	Ỏ	O	T	N
D	C	U	Q	N	O	B	Í	T	V	V	V	Ổ	G
L	Ú	A	M	Ạ	C	H	H	Ẻ	H	T	L	O	Ỗ
I	B	R	R	A	P	S	C	M	N	Ứ	D	N	N
V	I	M	N	L	T	Ữ	C	G	K	G	C	G	G
M	Ị	Ó	I	G	Y	A	X	I	Ố	C	Ô	Ă	P
Á	I	T	Ợ	T	A	O	U	L	Đ	N	L	P	N
Y	L	D	L	R	P	C	N	Ú	Ộ	C	G	N	Â
K	C	C	Y	Á	P	L	Q	A	N	O	P	U	D
É	Y	V	Ủ	I	P	N	N	M	G	I	L	H	G
O	B	B	H	C	G	G	D	Ì	V	U	H	K	N
A	P	B	T	Â	H	V	H	H	Ậ	V	T	T	Ô
H	R	P	I	Y	U	Ự	K	D	T	C	Ừ	U	N
V	G	N	Y	C	I	A	B	G	T	P	U	I	H

NÔNG DÂN
ĐỘNG VẬT
LÚA MÌ
VỊT
TRÁI CÂY
VỰA
THỦY LỢI
SỮA
RAU
NGÔ
CỐI XAY GIÓ
CỪU
CHÍN
THỨC ĂN
NGỖNG
LÚA MẠCH
ĐỒNG CỎ
TỔ ONG
MÁY KÉO
THẺ

73 - Vacances #2

D	Y	Ả	X	G	O	N	Đ	S	K	K	A	T	Đ
M	N	N	N	E	C	L	Ả	Â	H	N	T	T	I
H	B	O	D	H	L	I	O	N	Á	V	L	C	Ể
C	Ộ	C	K	Í	V	Ử	O	B	C	Ễ	T	Ố	M
G	B	C	T	R	A	L	A	A	H	L	Ề	U	Đ
P	Y	R	H	T	I	Q	G	Y	S	Y	L	Q	Ế
O	T	N	Ể	I	B	I	Ã	B	Ạ	À	I	I	N
K	L	I	K	Ả	Ế	T	H	Q	N	G	Y	Ạ	N
B	I	Ể	N	I	B	U	T	V	H	N	O	O	Ú
V	Q	U	U	G	C	Ắ	M	T	R	Ạ	I	G	I
T	H	Ị	T	H	Ự	C	B	Ả	N	Đ	Ồ	N	R
V	Ậ	N	C	H	U	Y	Ể	N	B	Y	L	O	R
X	E	T	Ắ	C	X	I	L	A	G	B	B	B	A
H	À	N	H	T	R	Ì	N	H	O	M	I	G	A

SÂN BAY
CẮM TRẠI
BẢN ĐỒ
ĐIỂM ĐẾN
NGOẠI QUỐC
KHÁCH SẠN
ĐẢO
GIẢI TRÍ
BIỂN
NÚI

HỘ CHIẾU
ẢNH
BÃI BIỂN
XE TẮC XI
LỀU
XE LỬA
VẬN CHUYỂN
NGÀY LỄ
THỊ THỰC
HÀNH TRÌNH

74 - Éthique

L	T	G	T	R	I	Ế	T	H	Ọ	C	H	T	O
N	H	N	H	Â	N	P	H	Ẩ	M	A	Ợ	R	U
A	Ư	Ọ	L	N	N	L	A	K	R	P	P	U	T
O	Ơ	R	Ò	P	Q	Q	M	I	H	A	L	N	K
G	N	T	N	B	G	B	N	Ê	O	B	Ý	G	H
N	G	N	G	I	Ạ	O	L	N	Â	H	N	T	O
N	H	Ô	V	A	N	A	N	N	N	P	Ẹ	H	A
Ô	Ạ	T	Ị	B	L	I	A	H	C	U	V	Ự	N
H	I	Q	T	M	V	G	U	Ẫ	L	R	N	C	D
K	Ợ	C	H	A	A	I	Q	N	A	D	À	A	U
Ự	A	P	A	N	I	Ạ	C	A	U	D	O	A	N
S	D	C	T	V	M	O	Ạ	C	M	U	T	M	G
H	Ị	R	T	Á	I	G	L	Ò	N	G	T	Ố	T
M	H	C	Q	N	C	N	Â	H	N	Á	C	T	C

LÒNG VỊ THA
THƯƠNG HẠI
HỢP TÁC
NHÂN PHẨM
NGOẠI GIAO
LÒNG TỐT
TRUNG THỰC
NHÂN LOẠI
CÁ NHÂN

TOÀN VẸN
LẠC QUAN
KIÊN NHẪN
TRIẾT HỌC
HỢP LÝ
TÔN TRỌNG
SỰ KHÔN NGOAN
KHOAN DUNG
GIÁ TRỊ

75 - Temps

K	T	V	G	U	N	T	A	Đ	H	T	B	L	C
I	G	N	Á	S	I	Ổ	U	B	Ồ	T	A	Ị	D
O	N	K	A	Q	O	N	Q	Ầ	Q	N	K	C	M
H	Á	H	B	N	V	N	M	Ă	N	K	G	H	T
P	H	C	P	I	C	U	Ô	P	H	Ú	T	H	Y
L	T	U	Ỷ	K	P	Ậ	H	T	S	U	A	G	Ồ
T	Ư	Ơ	N	G	L	A	I	P	A	T	Ư	U	G
H	À	N	G	N	Ă	M	Ê	Đ	U	C	R	H	B
D	T	B	A	L	G	M	T	Q	A	V	T	N	Â
N	G	À	Y	A	H	R	H	Y	G	G	I	Ờ	Y
T	V	A	Q	M	D	Q	Ế	Y	M	K	Ổ	L	G
B	L	S	G	I	A	I	K	T	A	H	U	A	I
M	N	C	Ớ	Ư	R	T	Ỷ	O	U	I	B	K	Ờ
Y	B	A	U	M	T	M	L	Q	Q	I	M	L	H

NĂM
HÀNG NĂM
SAU
TRƯỚC
SỚM
LỊCH
THẬP KỶ
TƯƠNG LAI
GIỜ
HÔM QUA
ĐỒNG HỒ
NGÀY
BÂY GIỜ
BUỔI SÁNG
BUỔI TRƯA
PHÚT
THÁNG
ĐÊM
TUẦN
THẾ KỶ

76 - Maison

P	C	V	L	Ổ	S	A	Ử	C	M	T	C	I	L
L	Ử	B	R	C	Y	M	B	H	V	H	Q	T	U
L	A	L	È	R	R	R	M	Ổ	Y	Ả	A	M	I
N	È	Đ	M	O	A	I	L	I	N	M	P	L	D
Ầ	T	I	C	Q	H	À	N	G	R	À	O	K	C
R	K	R	Ử	V	D	Q	V	P	U	O	H	M	H
T	Q	B	A	L	I	O	G	Ế	Q	U	N	Á	Ì
P	Ư	K	G	B	Ở	K	Q	B	Q	U	Ệ	I	A
V	H	Ờ	A	G	Ư	L	B	À	I	H	I	N	K
A	Ư	Ò	N	E	S	A	O	H	I	Ò	V	H	H
P	B	Ờ	N	G	Ò	R	V	N	N	T	Ư	À	Ó
H	A	L	N	G	L	A	R	M	C	G	H	I	A
T	P	É	X	C	Á	G	N	Ơ	Ư	G	T	O	D
U	Y	Y	O	C	P	B	I	K	K	P	A	K	M

CHỔI
THƯ VIỆN
PHÒNG
LÒ SƯỞI
CHÌA KHÓA
HÀNG RÀO
NHÀ BẾP
VÒI HOA SEN
CỬA SỔ
GA-RA
GÁC XÉP
VƯỜN
ĐÈN
GƯƠNG
TƯỜNG
TRẦN
CỬA
RÈM CỬA
THẢM
MÁI NHÀ

77 - Légumes

N	P	C	P	L	I	C	D	V	C	L	H	Q	I
T	B	G	Ầ	A	M	G	Ừ	N	G	Ô	M	H	M
Ộ	A	Ô	G	N	Í	B	Ả	U	Q	S	K	N	Ù
U	H	À	N	H	T	R	A	U	B	I	N	A	I
H	N	Ấ	M	Q	À	Â	V	R	C	T	Ể	X	T
C	T	Ố	R	À	C	M	Y	T	À	A	I	I	Â
A	Ủ	B	C	P	Y	K	R	C	C	N	B	Ả	Y
Ư	K	C	V	P	B	M	V	Ủ	H	D	G	C	P
D	H	A	Ả	H	D	Q	D	H	U	N	N	G	H
A	Đ	A	U	I	L	Ô	L	Ẹ	A	P	O	N	I
L	C	Ậ	C	Ỏ	B	U	D	U	D	Q	R	Ô	N
A	R	A	U	T	O	P	K	U	M	V	H	B	Y
S	N	U	Y	K	N	V	L	R	R	U	G	H	C
V	Q	P	G	Y	C	Y	A	P	A	B	V	Q	Y

TỎI
RONG BIỂN
ATISÔ
CÀ TÍM
BÔNG CẢI XANH
CÀ RỐT
CẦN TÂY
NẤM
QUẢ BÍ NGÔ
DƯA CHUỘT

CỦ HẸ
RAU BINA
GỪNG
CỦ CẢI
HÀNH
Ô LIU
MÙI TÂY
ĐẬU
SALAD
CÀ CHUA

78 - Plage

U	Đ	O	V	Q	T	M	H	Y	T	G	G	B	Đ
L	U	Ầ	I	Ờ	R	T	T	Ặ	M	A	V	P	Ạ
V	T	N	M	A	Ả	N	C	T	K	C	V	L	I
O	A	G	B	U	L	I	Q	N	Q	H	H	L	D
M	U	M	T	V	Ạ	R	R	L	Y	N	Ă	G	Ư
K	C	O	D	Ô	I	A	H	T	R	A	Y	N	Ơ
B	O	Á	M	H	R	C	Q	C	R	X	L	Ể	N
Y	B	I	T	B	D	É	P	D	B	U	K	I	G
K	U	D	Y	U	G	Q	U	R	V	À	Ỳ	B	D
V	N	T	H	U	Y	Ề	N	O	Ỏ	M	N	A	Đ
V	Q	A	D	A	R	L	T	V	D	B	G	H	Ả
T	H	U	Y	Ề	N	B	U	Ồ	M	Q	H	I	O
B	Ờ	B	I	Ể	N	B	B	Q	Q	T	Ỉ	K	C
K	M	I	R	K	O	D	L	V	L	D	G	V	O

THUYỀN
MÀU XANH
VỎ
BỜ BIỂN
CUA
DOCK
ĐẢO
ĐẦM
BIỂN
ĐẠI DƯƠNG
TRẢ LẠI
CÁT
DÉP
KHĂN
MẶT TRỜI
KỲ NGHỈ
THUYỀN BUỒM

79 - Famille

A	V	C	M	I	N	R	B	R	C	V	I	U	D
B	T	H	Ẹ	B	L	L	U	T	H	V	T	U	G
T	N	Q	G	Y	Q	Y	V	I	Á	Y	O	L	E
I	U	Á	H	C	O	V	Y	O	U	P	Y	H	M
R	Ấ	C	O	N	D	A	R	N	T	G	C	A	G
A	Ơ	D	P	B	O	H	M	H	R	R	I	K	Á
A	H	C	G	L	U	Q	M	D	A	O	R	C	I
V	T	A	N	H	T	R	A	I	I	O	V	O	Á
D	I	N	Ô	K	P	M	M	M	V	H	L	L	G
C	Ờ	T	D	L	H	E	R	E	U	R	D	V	N
Ú	H	C	U	V	M	Ẻ	C	K	M	I	R	H	O
C	T	Ồ	A	Q	B	R	B	G	B	H	T	K	C
V	T	Q	N	Ê	I	T	Ổ	T	V	B	Ọ	D	Ì
L	D	I	Á	G	U	Á	H	C	Ợ	I	À	A	Q

TỔ TIÊN
EM HỌ
THỜI THƠ ẤU
CON
TRẺ EM
VỢ
CON GÁI
ANH TRAI
BÀ
ÔNG
CHỒNG
MẸ
CHÁU
CHÁU GÁI
CHÚ
CHÁU TRAI
CHA
EM GÁI
DÌ

80 - Oiseaux

M	T	H	I	Ê	N	N	G	A	V	Đ	M	Ò	C
Ò	P	D	G	C	L	R	U	H	K	À	G	G	H
N	D	A	V	B	G	N	Ỗ	G	N	Đ	N	L	I
G	R	T	Ụ	C	H	N	Á	C	M	I	H	C	M
B	H	Ẹ	G	N	Y	Q	Ô	C	M	Ể	I	M	S
I	Y	V	N	À	Q	D	C	C	B	U	D	Y	Ẻ
Ể	G	N	Ô	N	Ồ	B	H	T	O	U	C	A	N
N	T	O	B	M	B	U	I	C	O	N	Q	U	Ạ
C	D	C	D	I	Ệ	C	M	H	H	V	R	A	A
U	Y	B	I	G	N	À	B	I	Ạ	Đ	D	H	U
Y	V	Ị	T	R	R	Y	Ồ	I	T	R	Ứ	N	G
P	Ê	P	C	K	R	O	C	D	K	I	P	L	Y
R	K	U	O	O	C	N	Â	P	M	Y	U	V	A
Q	I	K	H	B	G	K	U	C	M	I	H	C	D

ĐẠI BÀNG
ĐÀ ĐIỂU
VỊT
CÒ
YÊU
CON QUẠ
CHIM CU
THIÊN NGA
DIỆC
CHIM CÁNH CỤT
CHIM SẺ
MÒNG BIỂN
TRỨNG
NGỖNG
CÔNG
CON VẸT
BỒ NÔNG
CHIM BỒ CÂU
GÀ
TOUCAN

81 - Disciplines Scientifiques

G	Đ	R	H	T	Â	M	L	Ý	Q	G	O	L	S
I	Ị	T	O	Ó	M	I	Ễ	N	D	Ị	C	H	I
Ả	A	H	U	B	A	I	V	Q	H	G	D	I	N
I	C	Ự	S	B	O	H	T	N	N	H	L	H	H
P	H	C	I	G	T	T	Ọ	A	C	V	R	N	T
H	Ấ	V	N	I	I	Í	I	C	O	U	L	I	H
Ẫ	T	Ậ	H	C	Ọ	H	Ổ	C	O	Ả	H	K	Á
U	H	T	H	Ọ	B	K	G	N	S	A	N	N	I
H	Ọ	H	Ọ	H	T	Ơ	N	I	D	D	I	Ầ	R
Ọ	C	Ọ	C	I	M	C	Á	U	P	I	S	H	P
C	Y	C	I	Ộ	B	U	O	H	G	V	A	T	T
V	L	C	Ọ	H	Ý	L	H	N	I	S	Ó	D	V
N	L	L	B	Ã	G	T	K	R	O	C	H	M	O
Y	C	G	M	X	N	G	Ô	N	N	G	Ữ	R	D

GIẢI PHẪU HỌC
KHẢO CỔ HỌC
HÓA SINH
SINH HỌC
THỰC VẬT HỌC
HÓA HỌC
SINH THÁI
ĐỊA CHẤT HỌC
MIỄN DỊCH
NGÔN NGỮ
CƠ KHÍ
KHOÁNG
THẦN KINH
SINH LÝ HỌC
TÂM LÝ
ROBOTICS
XÃ HỘI HỌC

82 - Émotions

Y	I	N	Â	I	R	T	U	K	N	V	Y	C	B
N	N	I	M	D	K	C	H	U	Ộ	V	Ê	Ả	Ị
R	A	Ề	U	M	M	A	U	L	I	L	N	M	K
Ổ	Q	M	P	H	R	U	Y	A	D	Ặ	B	T	Í
C	H	V	A	N	Ỗ	I	S	Ợ	U	N	Ì	H	C
H	U	U	Ê	Y	Y	D	V	Q	N	G	N	Ô	H
Ò	G	I	Ấ	V	I	L	A	I	G	C	H	N	T
A	C	A	G	X	L	P	M	V	B	C	H	G	H
B	P	R	G	I	B	K	G	L	C	K	K	L	Í
Ì	N	Ồ	U	B	I	Ỗ	N	Ả	N	N	Á	H	C
N	Ã	I	G	Ư	H	T	G	N	Ò	L	I	À	H
H	L	Ò	N	G	T	Ố	T	B	T	A	H	R	V
Q	P	L	H	O	D	Ị	U	D	À	N	G	M	B
S	Ự	P	H	Ẫ	N	N	Ộ	O	D	D	B	U	G

YÊU
LẶNG
SỰ PHẪN NỘ
NỘI DUNG
THƯ GIÃN
XẤU HỔ
CHÁN NẢN
BỊ KÍCH THÍCH
LÒNG TỐT
NIỀM VUI
HÒA BÌNH
NỖI SỢ
TRI ÂN
HÀI LÒNG
CẢM THÔNG
DỊU DÀNG
YÊN BÌNH
NỖI BUỒN

83 - Géographie

H	A	B	C	Ự	V	U	H	K	B	L	B	H	R
G	Ị	A	D	A	S	Ĩ	G	M	U	C	I	P	O
M	Đ	P	B	T	Ô	B	Đ	O	Y	I	U	H	Y
B	C	R	Ồ	Đ	N	Ả	B	Ộ	I	A	Đ	Ả	O
Q	Ụ	C	I	G	G	N	Ơ	Ư	D	I	Ạ	Đ	H
B	L	Ã	N	H	T	H	Ổ	M	T	G	Ú	N	K
I	P	U	R	O	Q	T	Y	C	H	C	H	N	I
Ể	H	Y	Ầ	A	T	L	A	S	Ế	Ố	Ư	G	N
N	Í	L	V	C	Ắ	B	D	A	G	U	Ớ	D	H
A	A	N	V	Ộ	N	V	P	Q	I	Q	N	L	T
B	N	C	K	Đ	R	Á	M	T	Ớ	M	G	R	U
C	A	H	T	O	I	K	B	Y	I	Y	T	P	Y
U	M	T	H	À	N	H	P	H	Ố	N	Â	R	Ế
T	B	D	Y	G	O	Q	V	G	R	B	Y	U	N

ĐỘ CAO
ATLAS
BẢN ĐỒ
LỤC ĐỊA
SÔNG
BÁN CẦU
ĐẢO
VĨ ĐỘ
BIỂN
KINH TUYẾN
THẾ GIỚI
NÚI
BẮC
ĐẠI DƯƠNG
HƯỚNG TÂY
QUỐC GIA
KHU VỰC
PHÍA NAM
LÃNH THỔ
THÀNH PHỐ

84 - Danse

A	P	Ế	Q	D	Y	H	B	P	Â	D	H	N	R
A	Ó	H	N	Ă	V	P	Q	I	M	A	D	G	H
Y	O	T	O	N	H	K	G	B	N	I	T	H	R
I	Q	Ư	Ẻ	N	H	Ọ	O	V	H	O	D	Ệ	V
V	R	T	V	R	G	Ả	C	I	Ạ	O	G	T	L
C	Ổ	Đ	I	Ể	N	T	Y	V	C	L	P	H	L
Á	N	A	U	Q	C	Ự	R	T	I	L	D	U	G
T	U	C	V	N	C	P	Y	À	I	Ệ	R	Ậ	T
I	I	Y	Ể	H	T	Ơ	C	Y	O	R	N	T	A
Ố	M	K	H	Ị	C	Ả	M	X	Ú	C	V	G	L
Đ	C	A	G	P	V	Ă	N	H	O	Á	U	O	R
Â	N	C	H	O	R	E	O	G	R	A	P	H	Y
T	R	U	Y	Ề	N	T	H	Ố	N	G	B	A	C
I	V	V	O	L	Y	P	T	L	G	L	V	R	I

HỌC VIỆN
NGHỆ THUẬT
CHOREOGRAPHY
CỔ ĐIỂN
CƠ THỂ
VĂN HOÁ
VĂN HÓA
CẢM XÚC
ÂN
VUI VẺ
PHONG TRÀO
ÂM NHẠC
ĐỐI TÁC
TƯ THẾ
NHỊP
NHẢY
TRUYỀN THỐNG
TRỰC QUAN

85 - Bâtiments

T	O	K	L	G	L	A	C	N	H	À	M	Á	Y
Y	B	A	Q	Ề	N	A	K	Ọ	I	L	A	Q	C
K	P	O	P	A	U	B	Ệ	N	H	V	I	Ệ	N
Đ	Ạ	I	S	Ứ	Q	U	Á	N	Ờ	I	U	K	S
V	Ự	A	I	G	H	L	G	P	H	À	Ạ	T	Â
Đ	À	I	Q	U	A	N	S	Á	T	Đ	C	Đ	N
C	S	I	Ê	U	T	H	Ị	H	À	U	Ă	G	V
R	A	V	D	I	Á	K	P	T	H	Â	N	H	Ậ
D	B	B	K	L	H	M	O	Y	N	L	H	G	N
Y	L	G	I	N	P	N	C	O	K	L	Ộ	C	Đ
G	Y	N	B	N	Ạ	S	H	C	Á	H	K	G	Ộ
U	Y	Ở	O	U	R	A	Q	R	G	A	R	A	N
T	R	Ư	Ờ	N	G	H	Ọ	C	P	B	G	M	G
O	G	X	D	B	Ả	O	T	À	N	G	N	U	N

ĐẠI SỨ QUÁN
CĂN HỘ
XƯỞNG
CABIN
NHÀ THỜ
LÂU ĐÀI
TRƯỜNG HỌC
GA-RA
VỰA
BỆNH VIỆN
KHÁCH SẠN
BẢO TÀNG
ĐÀI QUAN SÁT
SÂN VẬN ĐỘNG
SIÊU THỊ
LỀU
RẠP HÁT
THÁP
ĐẠI HỌC
NHÀ MÁY

86 - Pêche

A	Ị	Q	A	C	H	O	Y	L	U	P	V	K	P
L	B	K	I	Ớ	Â	À	D	C	R	Y	M	Y	H
D	T	T	L	Ư	N	N	M	C	A	K	P	Q	Ó
T	Ế	U	Ấ	N	H	T	N	Ề	Y	U	H	T	N
K	I	Ê	N	N	H	Ẫ	N	Ặ	C	U	A	T	G
R	H	G	N	A	M	U	V	T	N	I	G	Y	Đ
O	T	N	K	Ù	Q	B	U	I	K	G	B	O	Ạ
T	T	Ơ	P	M	P	N	A	K	C	N	R	D	I
Ổ	U	Ư	B	V	R	M	Q	V	L	Ô	Y	A	M
G	R	D	K	U	N	U	L	I	M	S	O	Q	I
B	Ã	I	B	I	Ể	N	H	Ồ	K	I	Y	Q	D
N	B	Ạ	Á	Q	Q	V	O	M	Ó	C	C	B	Â
B	L	Đ	G	C	I	T	V	D	Y	D	V	P	Y
D	Y	L	M	L	V	T	N	G	R	M	O	C	L

MỒI
THUYỀN
MANG
MÓC
NẤU
NƯỚC
PHÓNG ĐẠI
THIẾT BỊ
DÂY
SÔNG
HỒ
HÀM
ĐẠI DƯƠNG
CÁI RỔ
KIÊN NHẪN
BÃI BIỂN
CÂN NẶNG
MÙA

87 - Activités et Loisirs

T	Ậ	U	H	T	Ệ	H	G	N	B	V	Y	G	H
T	H	Ư	G	I	Ã	N	O	B	Ó	B	O	D	Y
Ợ	H	R	P	N	O	A	Q	A	N	D	K	I	Y
V	D	A	I	V	B	R	Ổ	R	G	N	Ó	B	C
N	L	U	K	N	R	T	G	A	Đ	V	U	A	B
Ầ	C	M	M	I	P	C	O	R	Á	C	U	Â	C
U	G	Ắ	Q	T	H	Ứ	L	H	M	T	Q	U	L
Q	H	S	M	U	P	B	F	L	B	C	A	O	A
R	R	A	I	T	Y	À	H	C	G	N	Ó	B	B
O	K	U	C	L	R	Ề	D	U	L	Ị	C	H	Ơ
B	V	M	V	G	Ư	Ạ	N	V	G	C	I	M	I
L	O	B	L	A	I	Ớ	I	A	G	U	L	C	L
S	Ở	T	H	Í	C	H	T	O	N	Y	Ặ	I	Ộ
B	Ó	N	G	C	H	U	Y	Ề	N	H	N	M	I

MUA SẮM
NGHỆ THUẬT
BÓNG CHÀY
BÓNG RỔ
QUYỀN ANH
CẮM TRẠI
BÓNG ĐÁ
GOLF
BƠI LỘI
SỞ THÍCH
BỨC TRANH
CÂU CÁ
LẶN
THƯ GIÃN
LƯỚT
QUẦN VỢT
BÓNG CHUYỀN
DU LỊCH

88 - Livres

B	N	H	O	L	L	P	U	K	M	A	C	Ử	B
C	Q	G	N	A	R	T	Ạ	O	L	Y	P	S	Ố
Â	V	B	Â	B	Ộ	S	Ư	U	T	Ậ	P	H	I
U	I	I	À	M	N	G	Ư	Ờ	I	Đ	Ọ	C	C
C	Ế	T	Ả	I	G	C	Á	T	N	B	Q	Ị	Ả
H	T	D	O	Ạ	T	G	N	Á	S	Y	K	L	N
U	Q	O	A	L	L	H	V	Ă	N	H	Ọ	C	H
Y	H	B	Q	C	H	L	Ơ	H	T	D	D	Y	H
Ệ	Y	T	Ế	Y	U	H	T	U	Ể	I	T	G	G
N	T	N	A	I	H	D	Ừ	K	É	O	D	À	I
C	Ó	L	I	Ê	N	Q	U	A	N	M	Y	B	H
T	V	T	T	L	G	O	Q	A	Q	N	K	A	R
K	C	M	N	T	H	À	I	H	Ư	Ớ	C	K	O
G	B	I	K	Ị	C	H	I	D	V	B	L	U	O

TÁC GIẢ
BỘ SƯU TẬP
BỐI CẢNH
KÉO DÀI
VIẾT
CÂU CHUYỆN
LỊCH SỬ
HÀI HƯỚC
NGÂM
SÁNG TẠO
NGƯỜI ĐỌC
VĂN HỌC
TỪ
TRANG
CÓ LIÊN QUAN
BÀI THƠ
THƠ
TIỂU THUYẾT
LOẠT
BI KỊCH

89 - Pays #2

P	N	O	U	N	B	L	L	S	T	G	A	O	U
M	H	H	D	V	M	T	A	E	Y	V	G	D	I
H	A	Á	R	M	U	P	T	V	B	R	I	A	Q
A	P	T	P	S	U	D	A	N	P	A	I	B	U
L	H	R	I	A	D	N	A	G	U	Y	N	A	T
B	J	U	N	P	N	R	G	L	R	N	Ả	O	N
A	A	N	D	V	A	P	Y	B	P	E	B	C	N
N	M	G	O	B	L	P	Y	H	P	K	T	I	A
I	A	Q	N	U	E	B	H	C	B	A	Ậ	X	T
A	I	U	E	R	R	O	G	Ạ	T	G	H	E	S
L	C	Ố	S	A	I	L	A	M	O	S	N	M	I
B	A	C	I	M	N	P	P	N	À	D	T	L	K
B	A	U	A	A	L	N	G	A	L	L	D	I	A
H	A	I	T	I	V	N	G	Đ	P	U	Y	T	P

ALBANIA
TRUNG QUỐC
ĐAN MẠCH
PHÁP
HAITI
INDONESIA
IRELAND
JAMAICA
NHẬT BẢN
KENYA
LÀO
LEBANON
MEXICO
UGANDA
PAKISTAN
NGA
SOMALIA
SUDAN
SYRIA

90 - Fournitures d'Art

A	P	Q	T	U	G	M	M	O	U	B	P	M	T
H	C	M	L	G	K	À	E	M	P	U	I	À	L
P	Ớ	R	D	Q	P	U	A	R	O	G	B	U	A
P	Ư	L	Y	Ẩ	T	S	S	M	U	N	Q	N	B
B	N	Q	Ấ	L	L	Ắ	E	Ự	G	A	O	Ư	Ú
S	À	G	I	M	I	C	L	C	D	H	O	Ớ	T
Á	B	N	G	Q	K	C	B	B	D	T	Ế	C	C
N	M	Ở	C	P	A	S	T	E	L	S	Q	O	H
G	G	Ư	O	H	N	Ả	Y	Á	M	T	Đ	L	Ì
T	L	T	C	P	Ả	Q	N	T	L	A	Ấ	C	A
Ạ	A	Ý	K	E	O	I	Y	Q	K	I	T	M	B
O	V	I	Q	T	K	D	I	T	T	O	S	G	K
R	Q	Q	L	L	G	Ầ	Q	C	T	Q	É	I	Y
B	Y	A	N	L	A	U	B	C	P	L	T	R	L

ACRYLIC
MÀU NƯỚC
ĐẤT SÉT
BÀN CHẢI
MÁY ẢNH
GHẾ
THAN
EASEL
KEO
MÀU SẮC
BÚT CHÌ
SÁNG TẠO
NƯỚC
MỰC
TẨY
DẦU
Ý TƯỞNG
GIẤY
PASTELS
BÀN

91 - Eau

C	Ớ	Ư	N	I	Ơ	H	D	V	U	R	Đ	M	Y
T	Ơ	V	Ò	I	H	O	A	S	E	N	Ạ	Ư	H
Ụ	H	N	B	A	Y	H	Ơ	I	Y	I	I	A	V
L	D	Ủ	B	K	Ê	N	H	H	Ồ	G	D	R	P
Ũ	M	T	Y	Ã	T	U	Y	Ế	T	I	Ư	Q	U
L	U	U	I	L	O	O	O	A	M	G	Ơ	M	T
R	L	L	V	P	Ợ	A	H	G	M	Y	N	P	I
E	N	O	B	N	L	I	I	L	O	K	G	Q	Q
S	Ư	Ơ	N	G	G	I	Á	V	I	P	N	K	O
Y	B	K	D	N	N	O	B	Đ	L	A	Ố	A	Y
E	N	R	V	Ó	Ô	P	O	A	C	K	U	T	T
G	R	I	D	S	S	Đ	Ộ	Ẩ	M	Ớ	P	R	M
L	N	P	T	B	H	T	Q	M	Y	U	Ư	A	N
D	D	G	I	Ó	M	Ù	A	K	C	P	G	N	K

KÊNH
VÒI HOA SEN
BAY HƠI
SÔNG
SƯƠNG GIÁ
GEYSER
NƯỚC ĐÁ
ĐỘ ẨM
LŨ LỤT
THỦY LỢI
HỒ
GIÓ MÙA
TUYẾT
ĐẠI DƯƠNG
CƠN BÃO
MƯA
UỐNG
SÓNG
HƠI NƯỚC

92 - Jazz

T	T	H	Ể	L	O	Ạ	I	A	A	D	B	B	C
H	H	N	P	Ị	H	N	T	C	U	À	T	U	B
N	C	À	B	B	Ứ	H	R	L	D	N	I	Ổ	H
A	H	L	N	G	N	Ố	R	T	A	N	M	I	A
D	Q	À	O	H	G	Â	V	R	T	H	Ớ	H	L
I	D	R	S	V	P	C	M	C	Ậ	Ạ	I	Ò	B
Ổ	U	M	Q	O	B	H	Q	N	U	C	B	A	U
N	T	Y	K	L	Ạ	O	Ầ	R	H	H	A	N	M
B	À	I	H	Á	T	N	C	N	T	Ạ	V	H	I
L	Q	Ĩ	S	Ệ	H	G	N	P	Ỹ	Ũ	C	Ạ	P
N	H	Ấ	N	M	Ạ	N	H	H	K	B	H	C	H
P	H	O	N	G	C	Á	C	H	Ạ	G	P	B	O
T	À	I	N	Ă	N	G	Y	R	D	C	B	G	P
N	Y	Ê	U	T	H	Í	C	H	Y	D	H	H	L

NHẤN MẠNH
ALBUM
NGHỆ SĨ
NỔI DANH
BÀI HÁT
NHÀ SOẠN NHẠC
THÀNH PHẦN
BUỔI HÒA NHẠC
YÊU THÍCH
THỂ LOẠI
HỨNG
ÂM NHẠC
MỚI
DÀN NHẠC
NHỊP
PHONG CÁCH
TÀI NĂNG
TRỐNG
KỸ THUẬT
CŨ

93 - Paysages

B	H	R	N	G	C	I	Ồ	Đ	V	D	H	Y	L
B	Á	Ồ	I	Q	Q	Ú	P	O	Ả	Đ	C	Ố	Ã
Ã	G	N	Ũ	L	G	N	U	H	T	Q	Ử	Q	N
I	N	Ể	Đ	S	O	Q	C	Đ	G	V	A	D	H
B	A	I	P	Ả	A	N	A	Ả	C	Ị	S	H	N
I	H	B	L	N	O	M	B	O	T	N	Ô	C	G
Ể	G	N	Ơ	Ư	D	I	Ạ	Đ	H	H	N	O	U
N	Y	M	I	H	Y	U	T	C	Á	U	G	Y	Y
K	U	A	O	T	P	G	C	Y	C	C	N	Y	Ê
A	P	V	K	A	Ử	L	I	Ú	N	T	Ô	A	N
V	S	Ô	N	G	B	Ă	N	G	Ư	P	S	G	V
I	O	B	P	U	V	U	A	H	Ớ	R	Y	R	R
D	N	H	T	B	R	D	M	C	C	R	R	G	H
Đ	Ầ	M	L	Ầ	Y	B	Q	P	T	Q	G	M	C

THÁC NƯỚC
ĐỒI
SA MẠC
CỬA SÔNG
SÔNG
SÔNG BĂNG
VỊNH
HANG
ĐẢO
HỒ
ĐẦM LẦY
BIỂN
NÚI
ỐC ĐẢO
ĐẠI DƯƠNG
BÁN ĐẢO
BÃI BIỂN
LÃNH NGUYÊN
THUNG LŨNG
NÚI LỬA

94 - Pays #1

B	P	H	I	L	I	P	P	I	N	E	S	N	M
Y	R	N	M	O	R	O	C	C	O	H	Đ	I	U
T	O	A	Y	B	I	L	N	A	U	Y	Ứ	C	C
B	L	L	Z	O	M	M	L	A	O	O	C	A	R
O	H	A	N	I	T	N	E	G	R	A	Ấ	R	R
C	Q	B	U	U	L	O	A	K	L	H	N	A	H
Q	R	V	K	U	C	U	R	Y	G	N	Đ	G	K
A	F	G	H	A	N	I	S	T	A	N	Ộ	U	E
M	I	Q	L	I	V	O	I	A	D	A	N	A	C
A	A	N	A	L	N	Ầ	H	P	D	B	O	A	U
N	T	A	A	A	V	H	B	H	K	Y	O	A	A
A	B	D	M	M	Y	O	I	H	C	Â	M	H	D
P	V	A	O	C	O	N	A	Y	O	T	R	D	O
G	T	A	K	G	M	R	A	I	Q	B	V	Q	R

AFGHANISTAN
ĐỨC
ARGENTINA
BRAZIL
CANADA
TÂY BAN NHA
ECUADOR
PHẦN LAN
ẤN ĐỘ
ISRAEL
LIBYA
MALI
MOROCCO
NICARAGUA
NA UY
PANAMA
PHILIPPINES
BA LAN
ROMANIA

95 - Nombres

T	M	Q	G	T	L	R	M	V	M	M	Á	T	D
P	H	B	D	T	C	O	Ư	C	Ư	Ư	M	U	T
I	C	Ậ	B	D	H	G	Ờ	D	Ờ	Ờ	Ư	Q	I
Y	V	O	P	U	M	H	I	U	I	I	Ờ	K	Q
N	Ố	B	G	P	K	T	H	A	B	L	I	A	H
Ố	V	T	C	U	H	B	A	N	A	Ă	C	H	P
B	B	K	V	V	C	Â	I	G	Ă	M	H	A	C
I	Ả	H	C	O	U	K	N	M	S	M	Í	I	H
Ờ	C	Y	D	U	Á	S	K	N	Ố	Á	N	M	Í
Ư	N	I	Q	L	S	C	R	D	K	T	M	Ư	N
M	U	M	Ư	Ờ	I	B	Ả	Y	H	I	Ư	Ơ	D
O	O	O	Q	P	Ờ	T	R	N	Ô	Ờ	Ờ	I	M
M	O	K	P	C	Ư	C	A	U	N	Ư	I	H	Y
H	N	B	I	H	M	Q	I	L	G	M	M	P	R

NĂM
HAI
THẬP PHÂN
MƯỜI
MƯỜI TÁM
MƯỜI CHÍN
MƯỜI BẢY
MƯỜI HAI
TÁM
CHÍN
MƯỜI BỐN
BỐN
MƯỜI LĂM
MƯỜI SÁU
BẢY
SÁU
MƯỜI BA
BA
HAI MƯƠI
SỐ KHÔNG

96 - Psychologie

C	T	H	K	H	À	N	H	V	I	K	R	N	O
Ả	R	D	I	C	Ả	M	G	I	Á	C	L	I	Q
M	Ị	P	N	S	C	G	I	Ấ	C	M	Ơ	P	B
X	L	H	H	C	U	Á	Y	A	M	L	B	H	T
Ú	I	Y	N	U	P	Y	I	G	G	L	K	L	I
C	Ệ	M	G	Ộ	N	H	N	T	T	Q	H	Â	Ề
L	U	L	H	C	L	C	P	G	Ô	L	V	M	M
K	I	Y	I	H	H	H	Ứ	L	H	I	N	S	T
M	M	C	Ễ	Ẹ	K	A	M	H	Ý	Ĩ	V	À	H
G	Y	V	M	N	H	N	Ỉ	T	T	Ấ	B	N	Ứ
Đ	Á	N	H	G	I	Á	R	D	Ư	N	G	G	C
T	H	Ờ	I	T	H	Ơ	Ấ	U	Ở	D	Ậ	B	D
C	Á	T	Í	N	H	U	Ề	Đ	N	Ấ	V	H	V
M	Ế	T	C	Ự	H	T	Ộ	Đ	G	N	U	X	N

LÂM SÀNG
HÀNH VI
XUNG ĐỘT
CÁI TÔI
THỜI THƠ ẤU
KINH NGHIỆM
CẢM XÚC
ĐÁNH GIÁ
Ý TƯỞNG
BẤT TỈNH
SUY NGHĨ
NHẬN THỨC
CÁ TÍNH
VẤN ĐỀ
CUỘC HẸN
THỰC TẾ
GIẤC MƠ
CẢM GIÁC
TIỀM THỨC
TRỊ LIỆU

97 - Nature

S	S	Đ	Á	M	M	Â	Y	Q	O	N	Q	G	N
M	A	Ô	S	Ư	Ơ	N	G	M	Ù	Ă	S	O	Q
R	R	M	N	P	M	O	N	G	H	N	E	P	U
N	Q	N	Ạ	G	R	Ừ	N	G	Ò	G	R	A	A
Ò	C	L	Q	C	B	N	I	Y	A	Đ	E	Y	N
M	T	H	Á	N	H	Ă	Ú	B	B	Ộ	N	G	T
I	Ớ	Đ	T	Ệ	I	H	N	L	Ì	N	E	C	R
Ó	G	I	Q	U	H	G	L	G	N	G	M	A	Ọ
X	Y	L	P	I	O	H	R	C	H	O	T	B	N
H	R	D	P	Y	A	P	R	D	K	Q	N	Ắ	G
M	G	I	C	A	N	G	Ẹ	L	Á	C	Y	C	Q
P	T	T	Ậ	V	G	N	Ộ	Đ	P	N	G	C	Q
H	H	U	Y	A	D	Ô	L	V	Ẻ	P	A	Ự	D
L	P	Y	I	M	Ã	S	O	N	H	V	G	C	I

ONG
ĐỘNG VẬT
BẮC CỰC
VẺ ĐẸP
SƯƠNG MÙ
SA MẠC
NĂNG ĐỘNG
XÓI MÒN
LÁ
SÔNG
RỪNG
SÔNG BĂNG
NÚI
ĐÁM MÂY
HÒA BÌNH
THÁNH
HOANG DÃ
SERENE
NHIỆT ĐỚI
QUAN TRỌNG

98 - Chimie

Ô	B	L	R	V	A	T	A	B	V	T	M	I	C
X	L	K	D	V	T	L	Ử	X	A	K	D	G	H
Y	G	V	N	C	D	B	T	V	I	K	Ử	I	Ấ
L	V	G	E	M	Y	Z	N	E	M	T	T	R	T
I	O	N	C	L	O	C	Â	N	N	Ặ	N	G	X
A	N	Ộ	Đ	T	Ệ	I	H	N	Â	Đ	Ê	K	Ú
H	A	K	T	I	D	G	P	M	H	I	Y	I	C
C	A	R	B	O	N	K	L	U	N	Ệ	U	M	T
M	R	P	B	R	N	Y	L	Ố	T	N	G	L	Á
P	U	O	I	D	H	H	N	I	Ạ	T	N	O	C
C	O	K	I	Y	O	T	I	B	H	Ử	K	Ạ	B
P	R	N	H	H	R	D	Y	Ệ	L	Q	I	I	H
L	D	K	R	Í	L	L	I	C	T	D	Ề	D	K
C	H	Ấ	T	L	Ỏ	N	G	Q	B	L	M	G	Y

AXIT
KIỀM
NGUYÊN TỬ
CARBON
CHẤT XÚC TÁC
NHIỆT
CLO
ENZYME
ĐIỆN TỬ
KHÍ
HYDRO
ION
CHẤT LỎNG
KIM LOẠI
PHÂN TỬ
HẠT NHÂN
ÔXY
CÂN NẶNG
MUỐI
NHIỆT ĐỘ

99 - Bateaux

O	H	Đ	Ạ	I	D	Ư	Ơ	N	G	B	Y	H	T
A	R	P	H	H	K	Q	V	K	A	Y	A	K	H
H	P	T	Q	D	Q	H	N	E	O	G	H	X	U
P	H	I	H	À	N	H	Đ	O	À	N	Ả	U	Y
T	Đ	Ộ	N	G	C	Ơ	L	U	D	Ừ	I	Ồ	Ề
B	H	K	Y	I	V	S	Ô	N	G	H	L	N	N
G	È	Ủ	H	T	B	B	I	G	N	T	Ý	G	B
C	D	A	Y	V	Y	I	O	D	H	Y	D	Q	U
C	Ộ	L	R	T	N	Ể	H	U	Q	Â	H	U	Ồ
O	V	T	L	A	R	N	N	G	T	D	C	À	M
C	A	R	B	B	C	I	T	H	Ủ	Y	T	H	Ủ
U	C	D	P	U	H	U	Ề	S	Ó	N	G	P	O
B	G	Q	Y	V	Ồ	I	A	U	K	G	U	H	L
H	O	T	M	L	U	M	Q	L	R	D	D	Ồ	I

NEO
PHAO
XUỒNG
DÂY THỪNG
PHI HÀNH ĐOÀN
PHÀ
SÔNG
KAYAK
HỒ
THỦY TRIỀU
THỦY THỦ
CỘT BUỒM
BIỂN
ĐỘNG CƠ
HẢI LÝ
ĐẠI DƯƠNG
BÈ
SÓNG
THUYỀN BUỒM

100 - Mesures

P	K	M	B	Y	T	E	H	Â	C	A	C	C	D
K	A	É	P	H	Ú	T	V	M	H	K	H	H	A
V	Y	T	K	T	T	Í	N	L	I	Q	I	I	V
D	L	É	G	H	Ấ	L	N	Ư	Ề	C	Ề	Ề	P
P	K	M	N	C	Ố	N	M	Ợ	U	Đ	U	U	K
V	R	Ô	Â	N	L	I	O	N	D	Ộ	C	R	G
O	D	L	H	I	L	V	L	G	À	S	A	Ộ	A
C	M	I	P	H	L	G	B	Ư	I	Â	O	N	P
T	Q	K	P	P	Y	R	L	O	Ợ	U	R	G	E
L	M	T	Ậ	G	V	A	G	N	Ặ	N	N	Â	C
B	H	L	H	U	I	M	C	Y	R	Q	G	I	N
C	E	N	T	I	M	E	T	U	U	T	K	V	U
T	R	Ì	N	H	Đ	Ộ	T	C	R	L	U	I	O
R	B	Y	V	R	A	K	K	I	L	Ô	G	A	M

CENTIMET
TRÌNH ĐỘ
THẬP PHÂN
GRAM
CHIỀU CAO
KILÔGAM
KILÔMÉT
CHIỀU RỘNG
LÍT
CHIỀU DÀI
KHỐI LƯỢNG
MÉT
PHÚT
BYTE
OUNCE
CÂN NẶNG
INCH
ĐỘ SÂU
TẤN
ÂM LƯỢNG

1 - Adjectifs #2

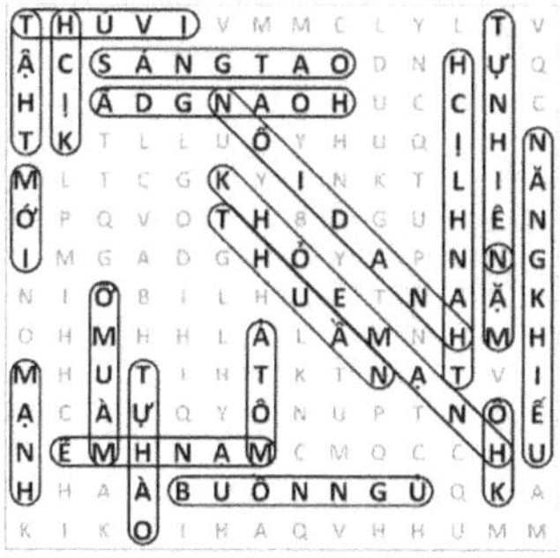

2 - Formes

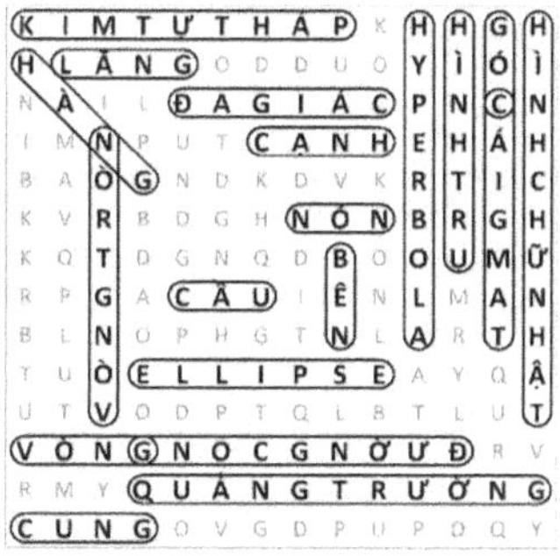

3 - Force et Gravité

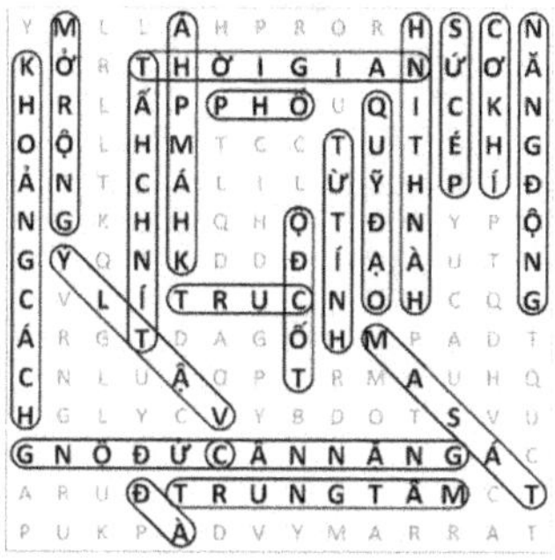

4 - Adjectifs #1

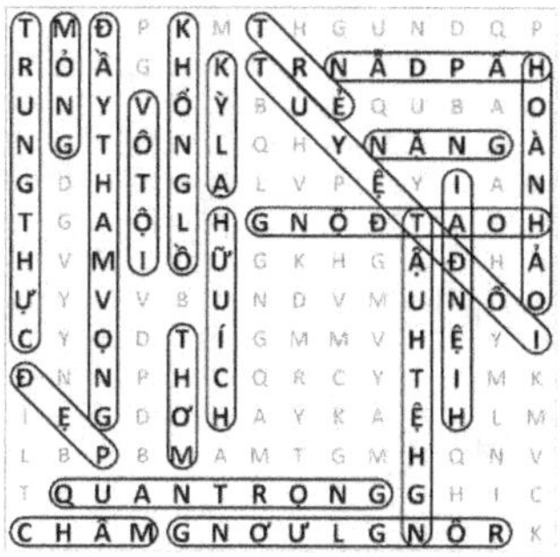

5 - Instruments de Musique

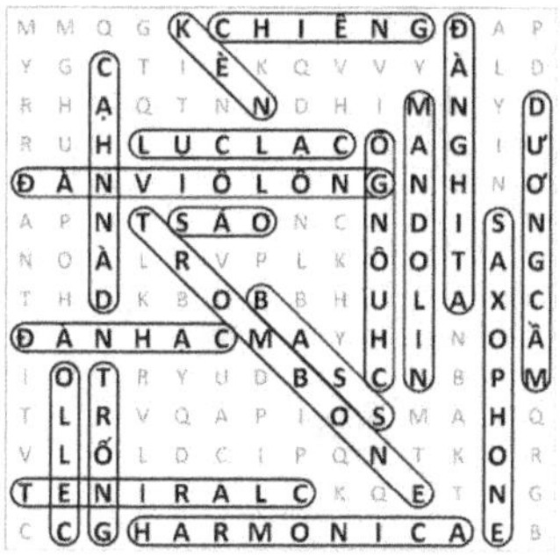

6 - Échecs

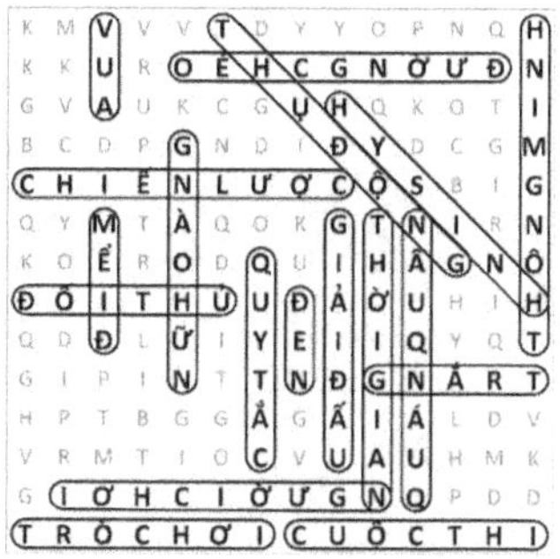

7 - Herboristerie

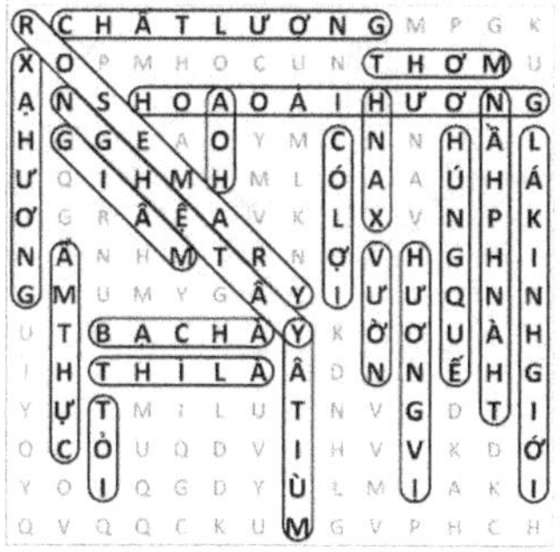

8 - Véhicules

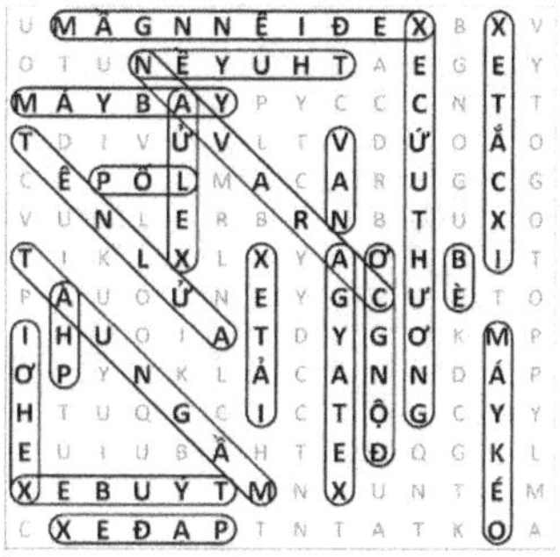

9 - Camping

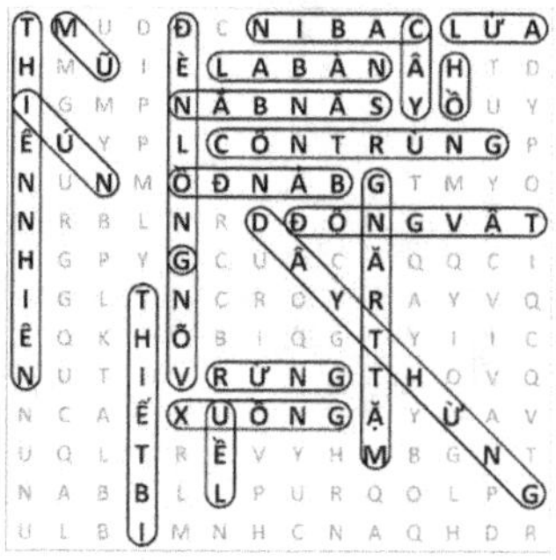

10 - Écologie

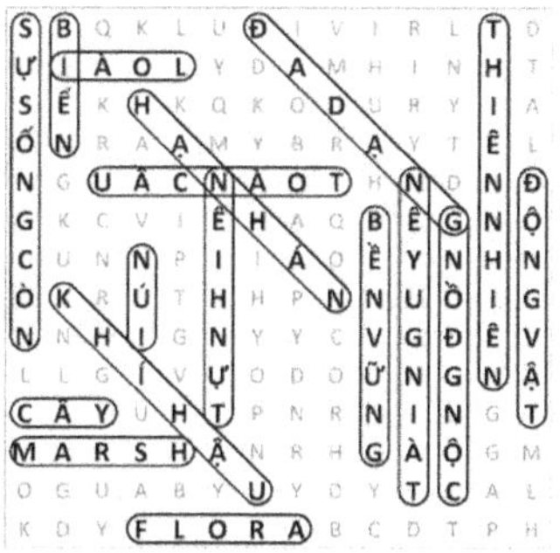

11 - Géométrie

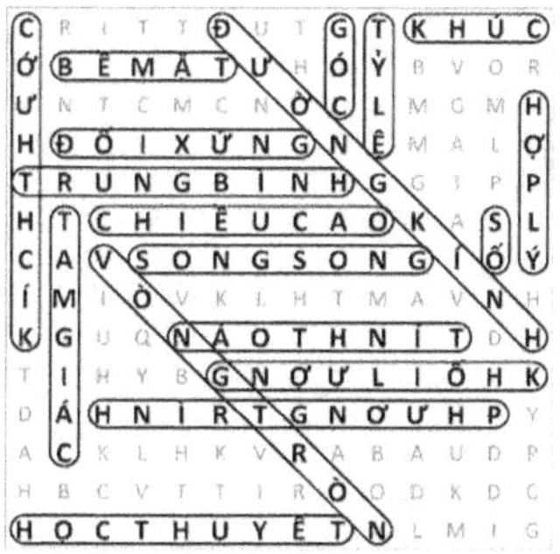

12 - Les Médias

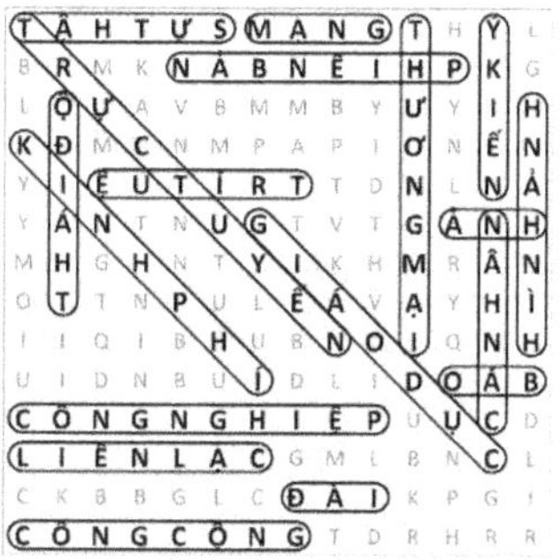

13 - Philanthropie

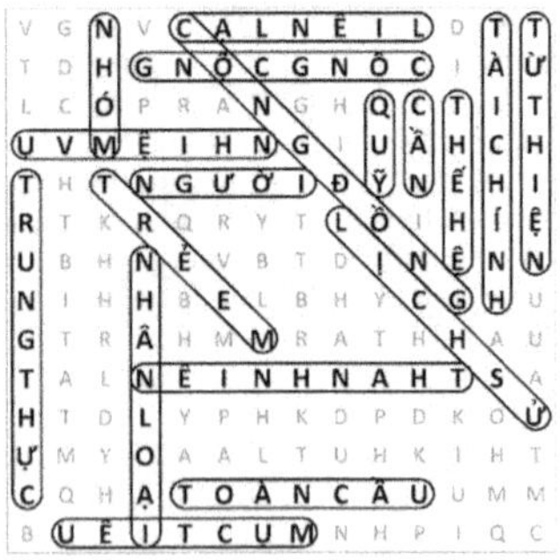

14 - Diplomatie

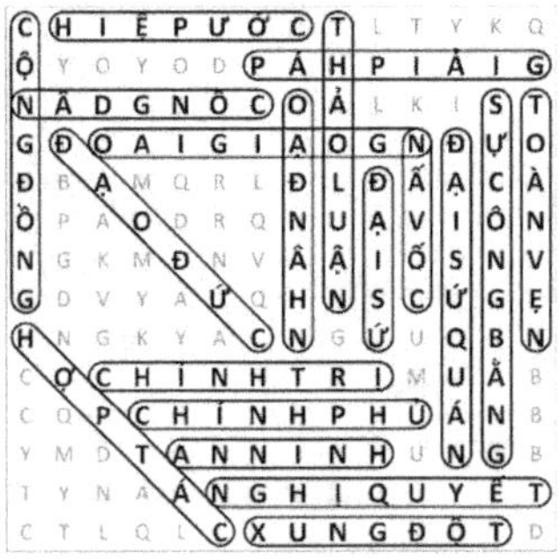

15 - Électricité

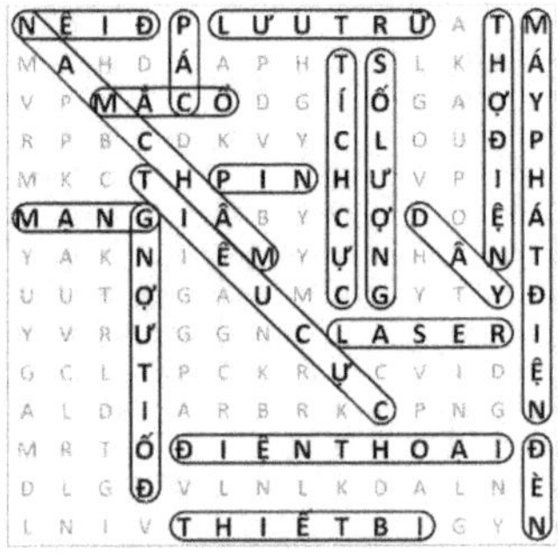

16 - Astronomie

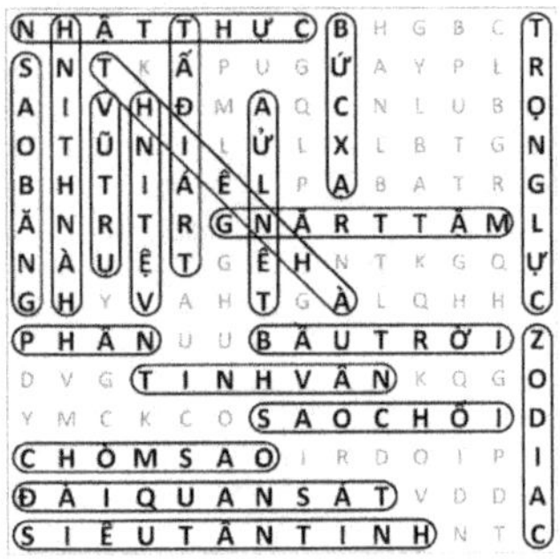

17 - Physique

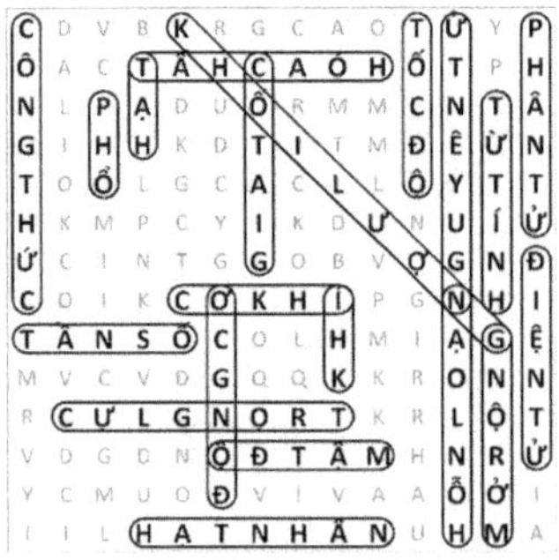

18 - Types de Cheveux

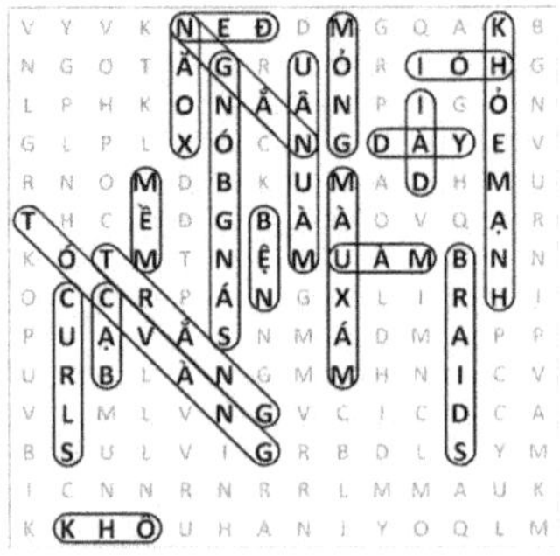

19 - Archéologie

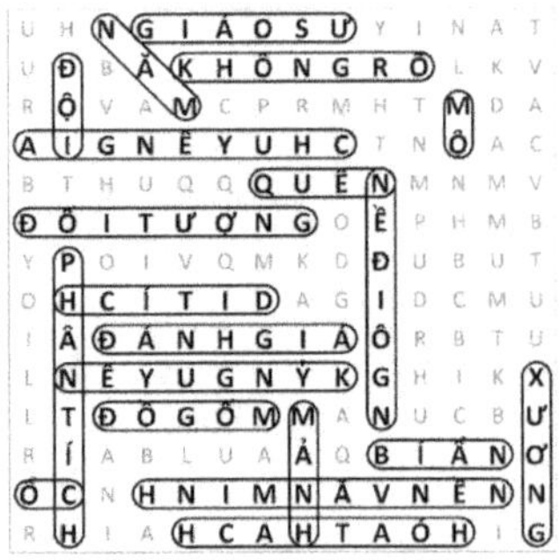

20 - Mammifères

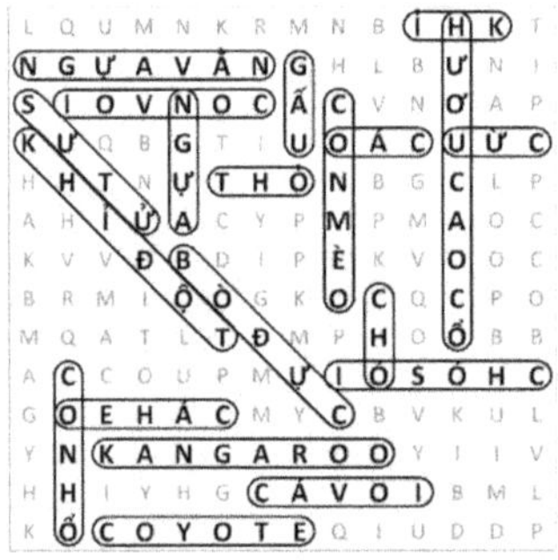

21 - Chocolat

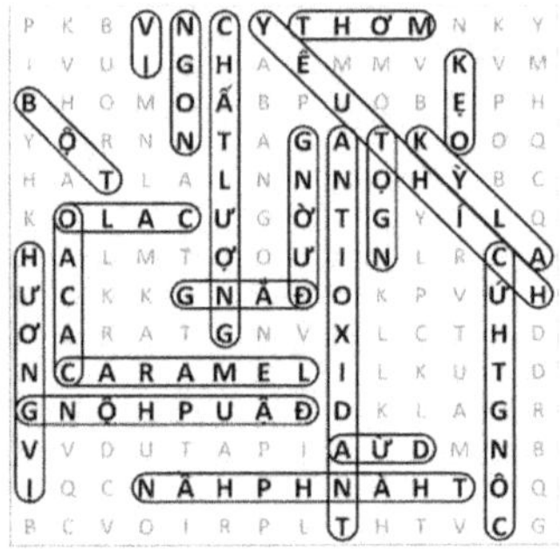

22 - Mathématiques

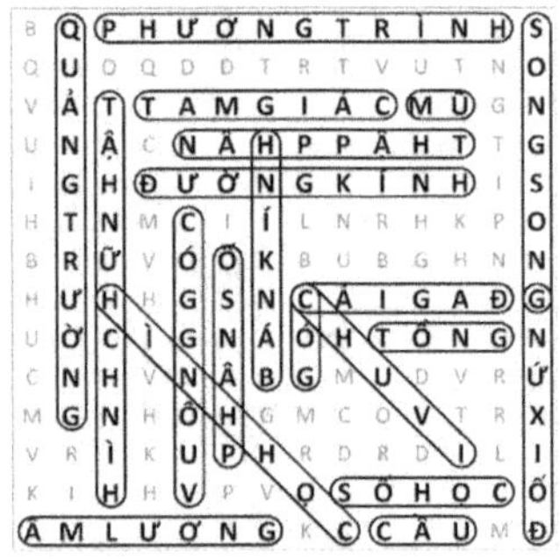

23 - Mythologie

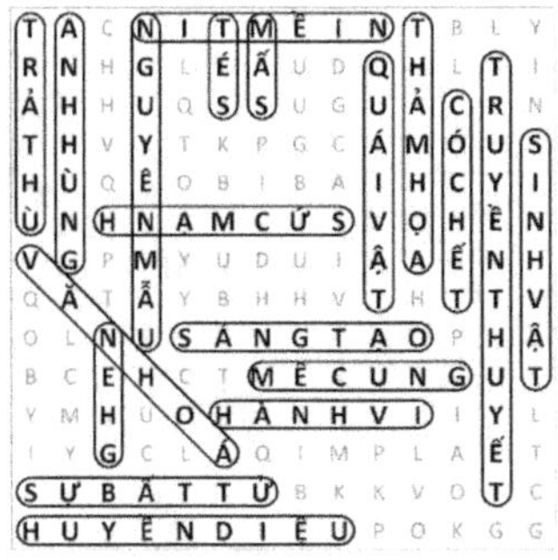

24 - Restaurant #2

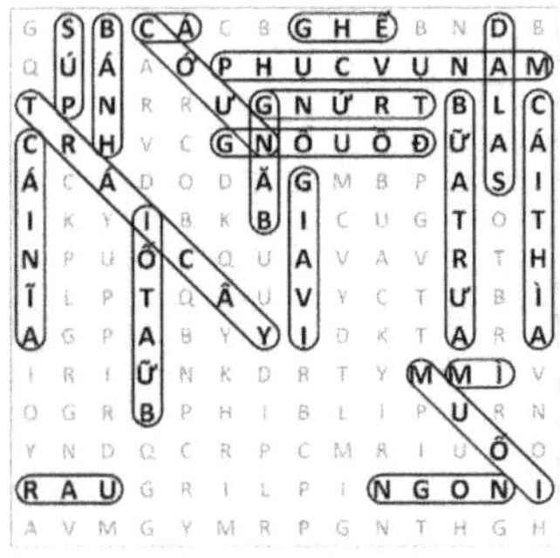

25 - Beauté

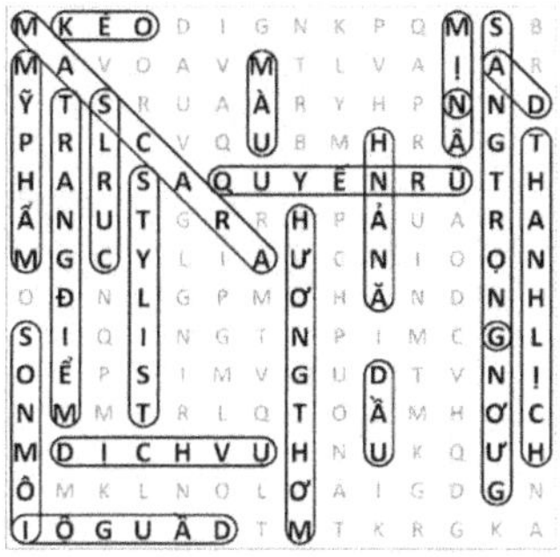

26 - Avions

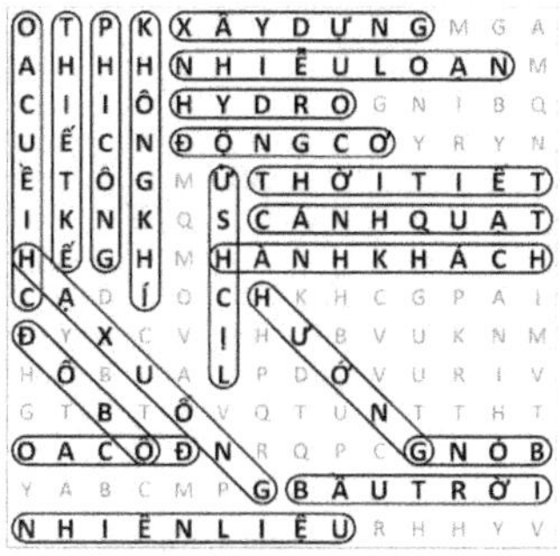

27 - Ingénierie

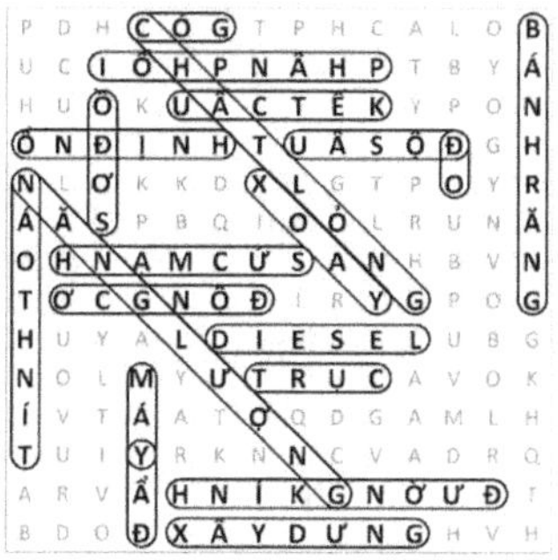

28 - Énergie

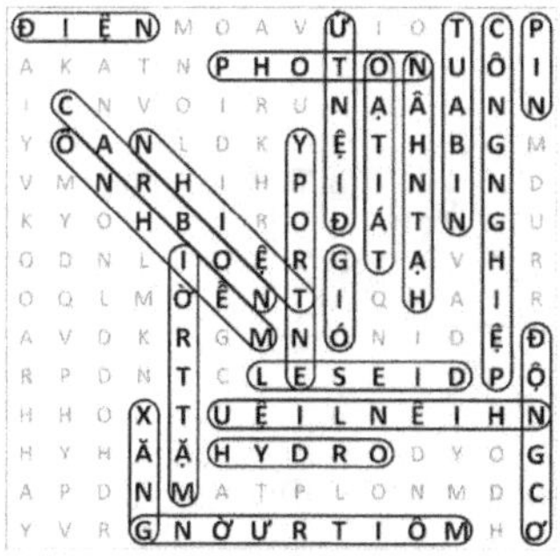

29 - Corps Humain

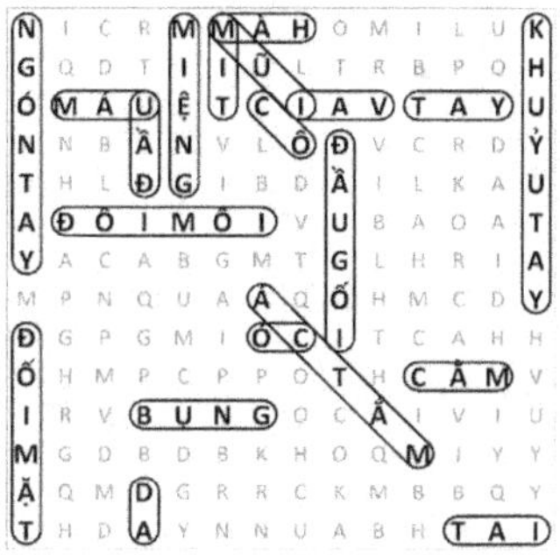

30 - Épices

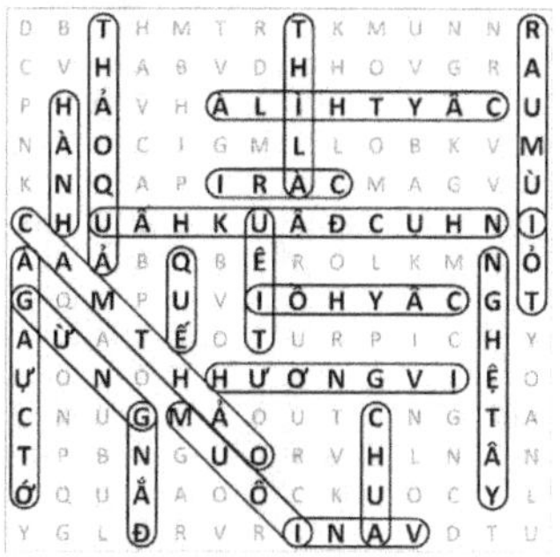

31 - Science

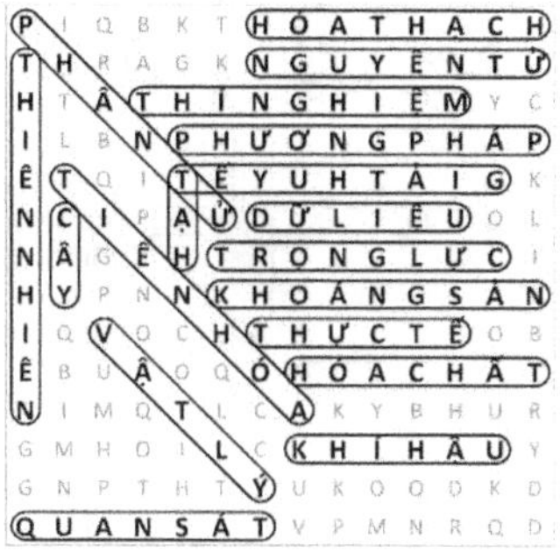

32 - Vêtements

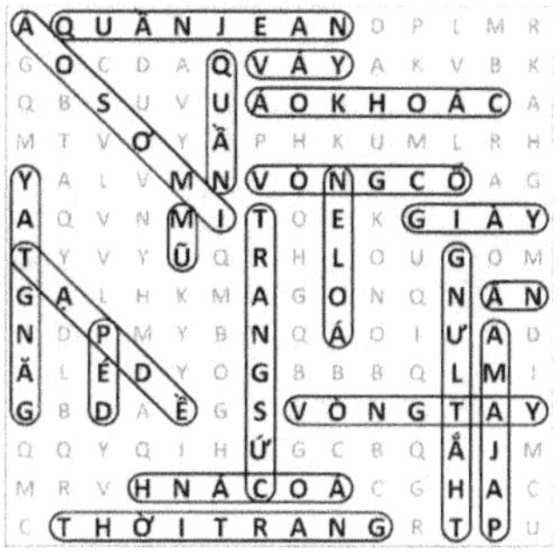

33 - Arts Visuels

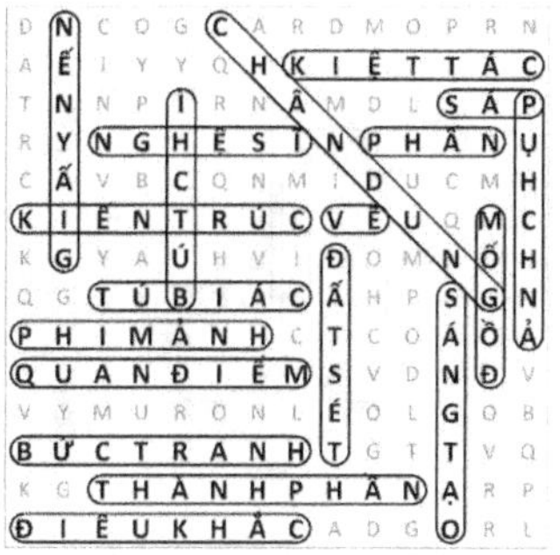

34 - Méditation

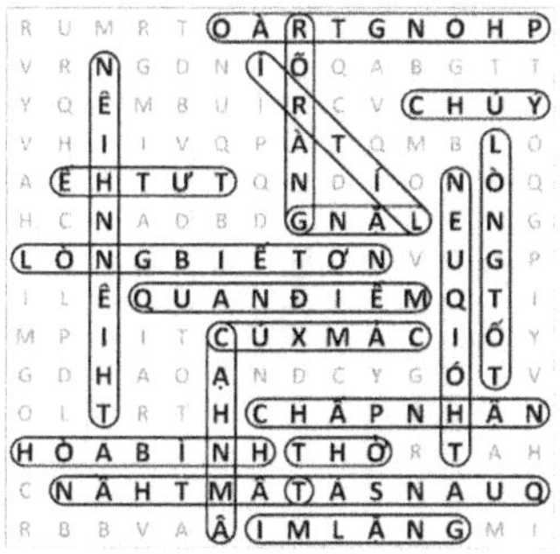

35 - Littérature

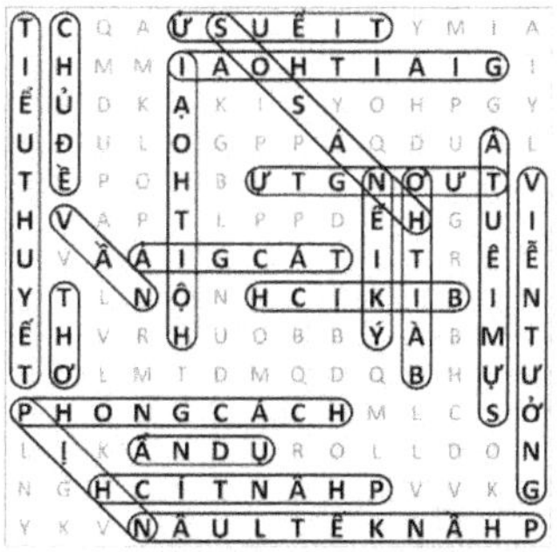

36 - Nourriture #1

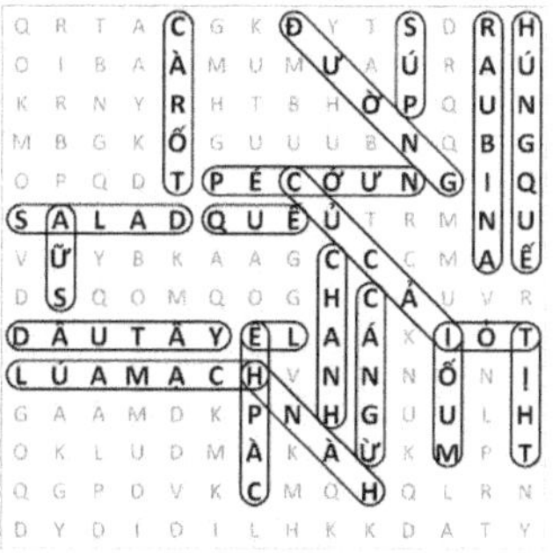

37 - Jours et Mois

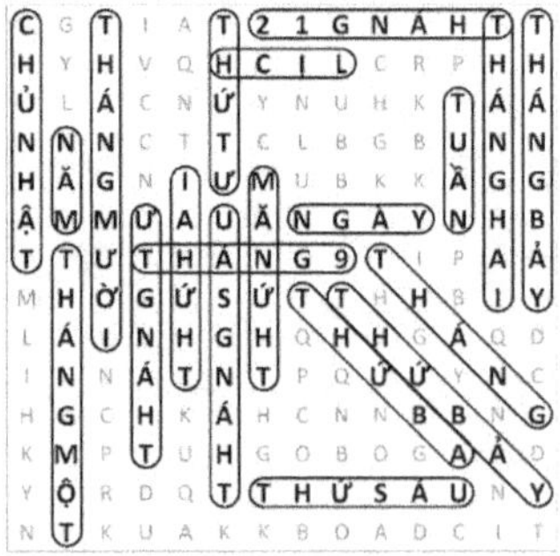

38 - Entreprise

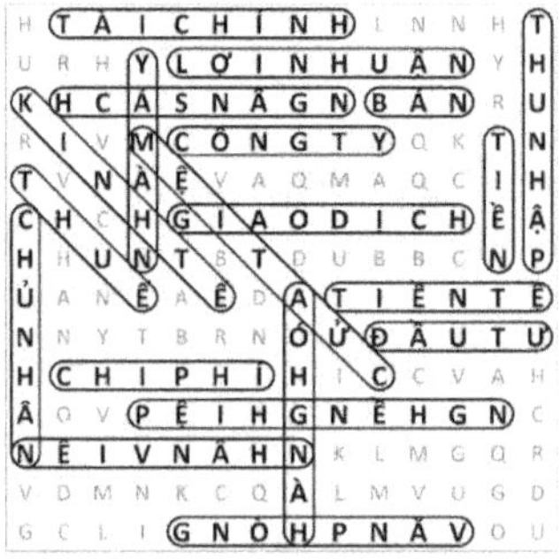

39 - Activités

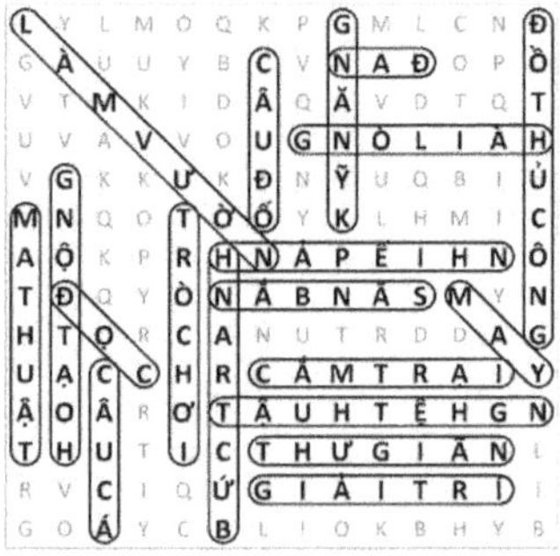

40 - Mode

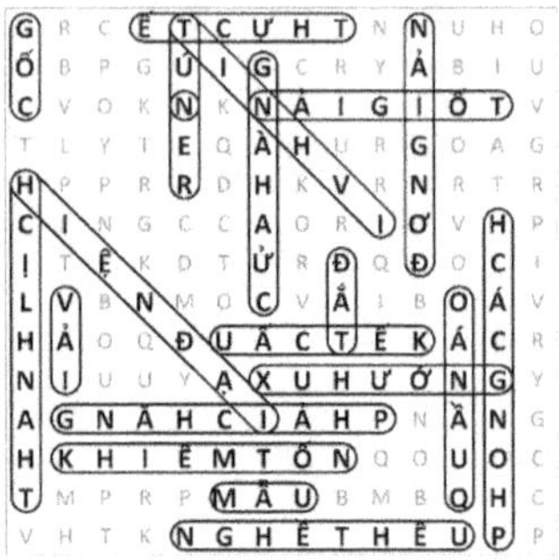

41 - Fleurs

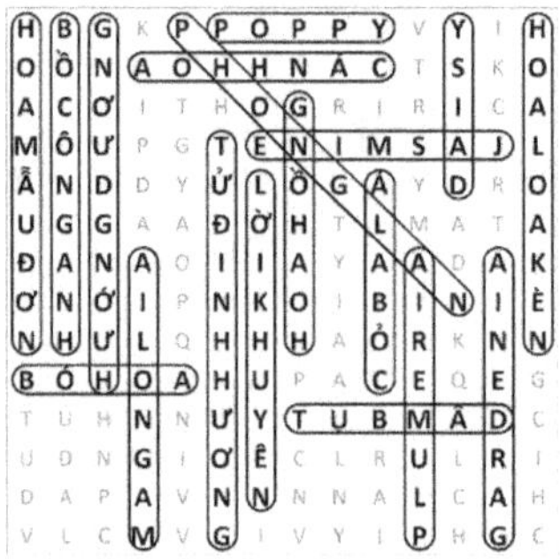

42 - Nourriture #2

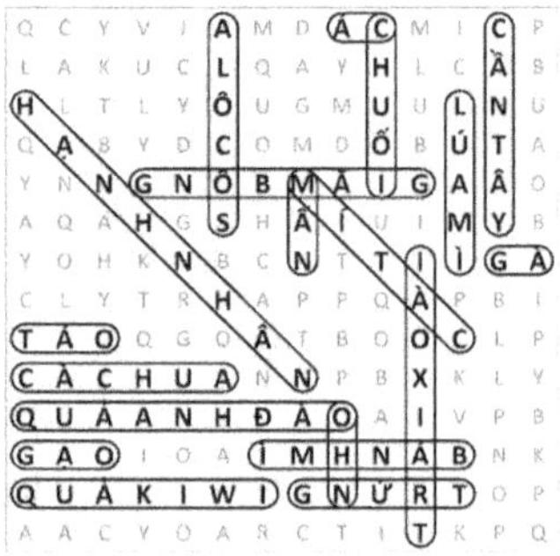

43 - Algèbre

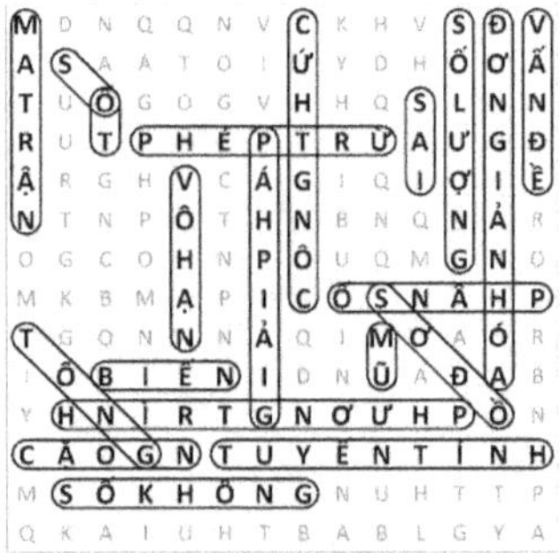

44 - Océan

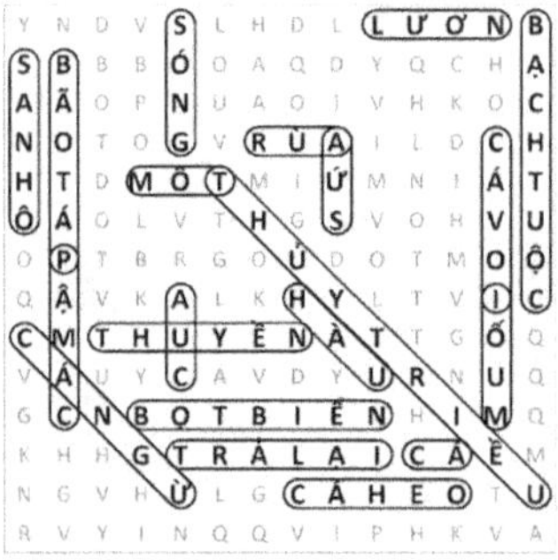

45 - Antiquités

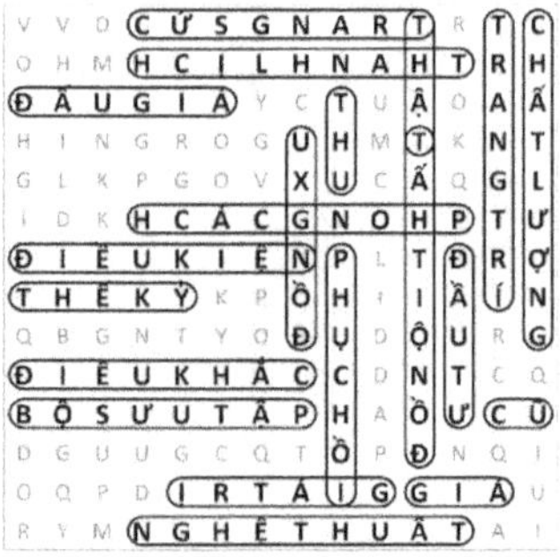

46 - Boxe

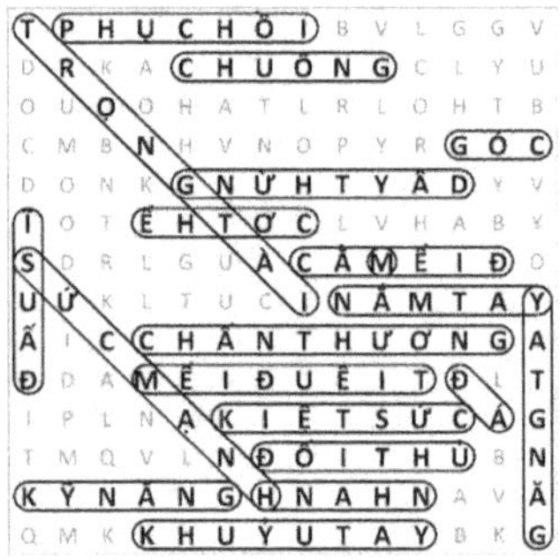

47 - Fruit

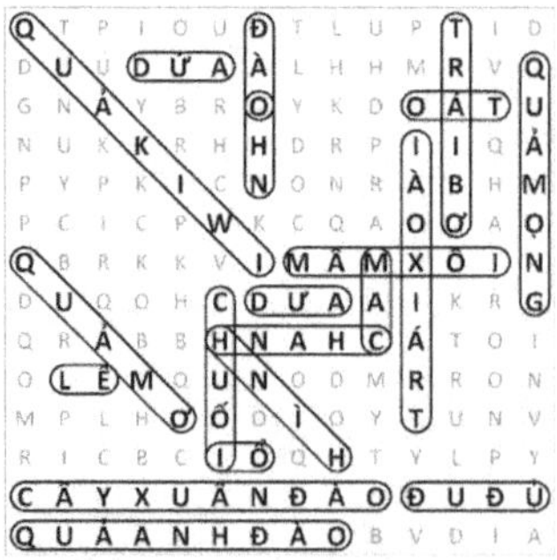

48 - Technologie

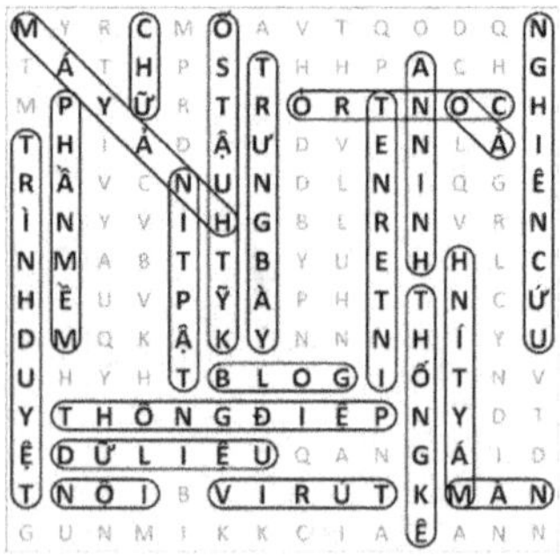

49 - Musique

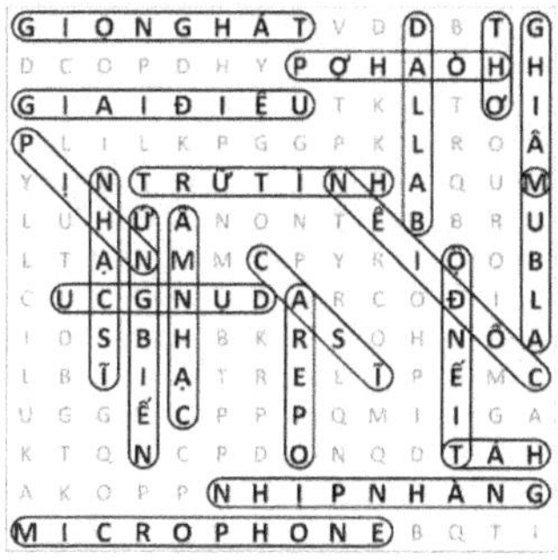

50 - Météo

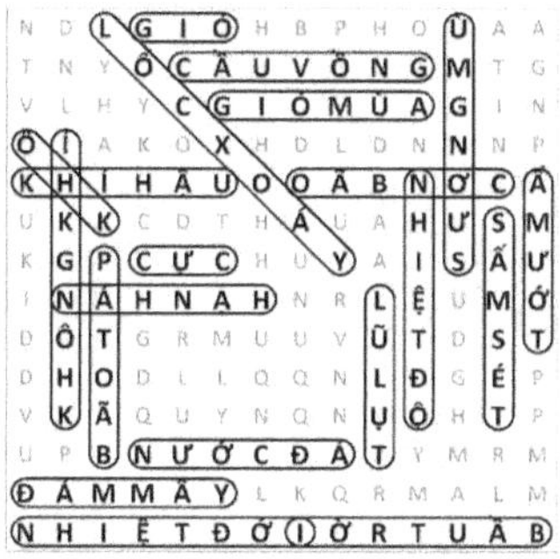

51 - L'Entreprise

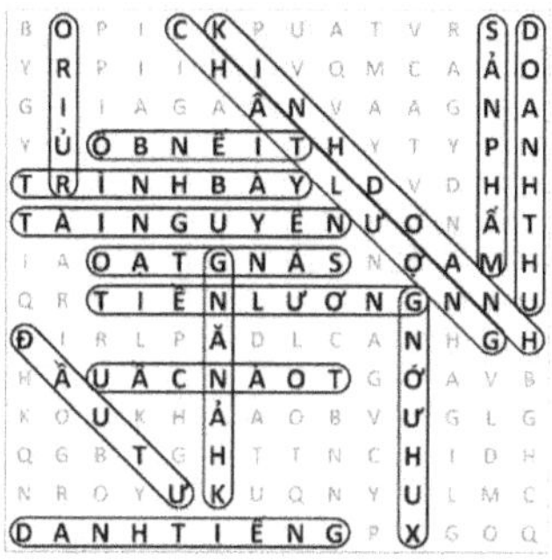

52 - Gouvernement

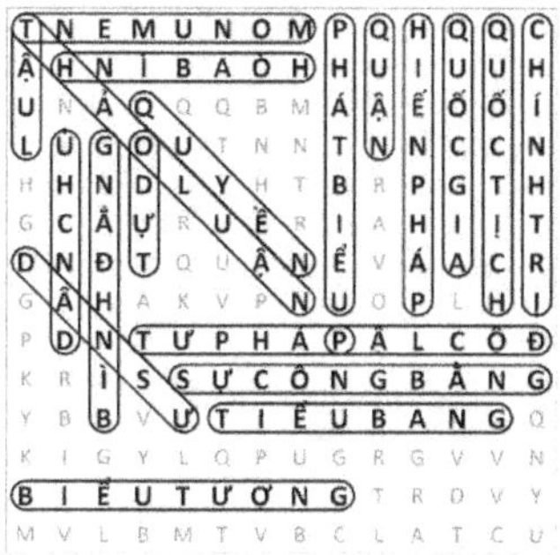

53 - Randonnée

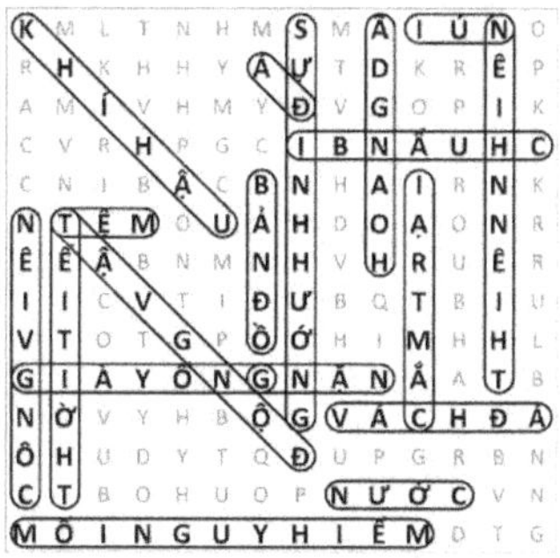

54 - Nutrition

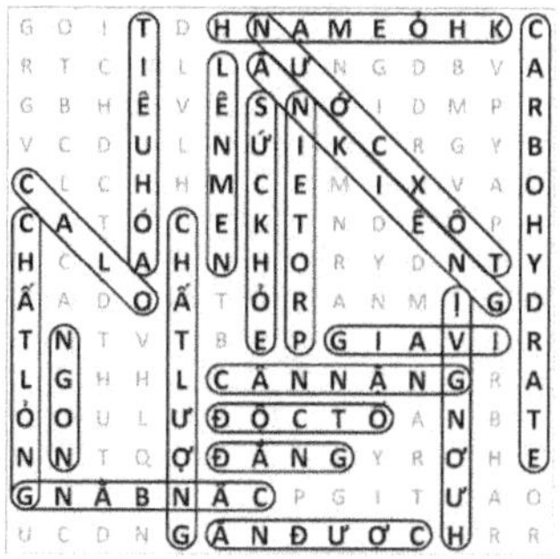

55 - Créativité

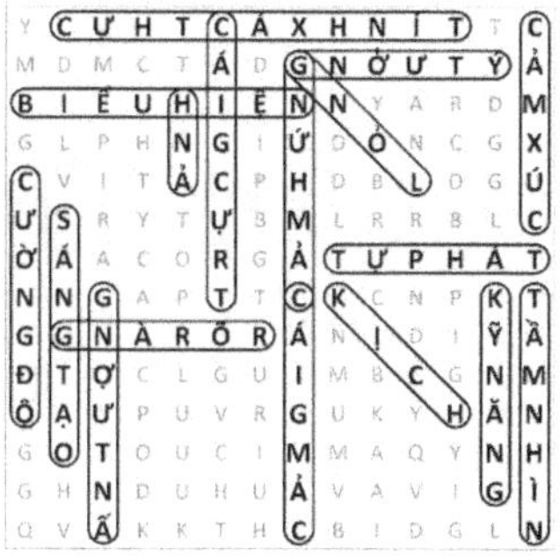

56 - Science Fiction

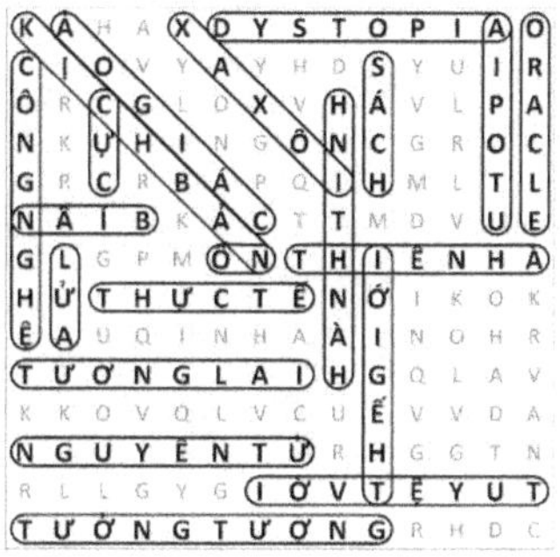

57 - Vertus #1

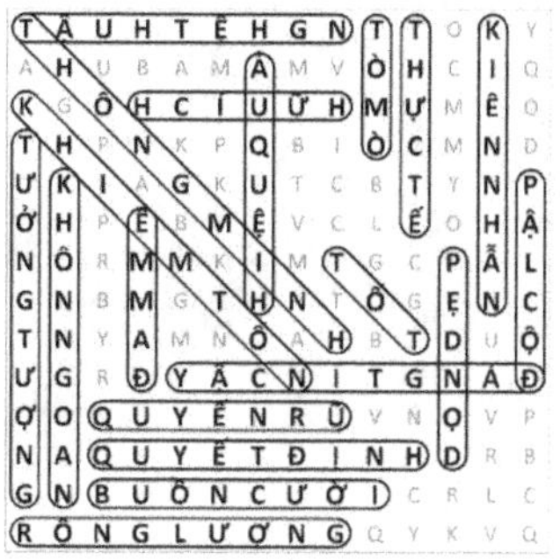

58 - Professions #1

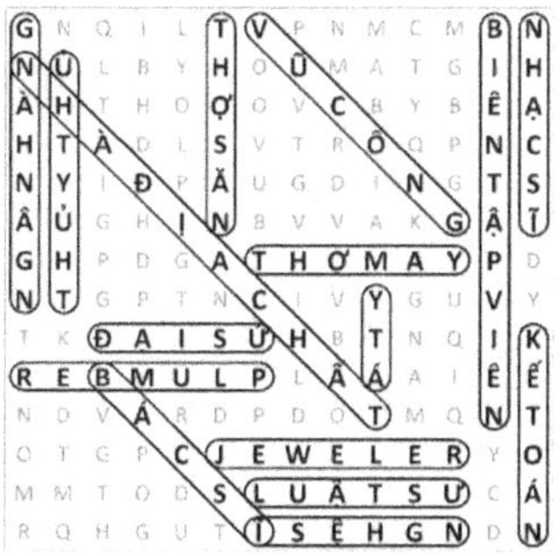

59 - Géologie

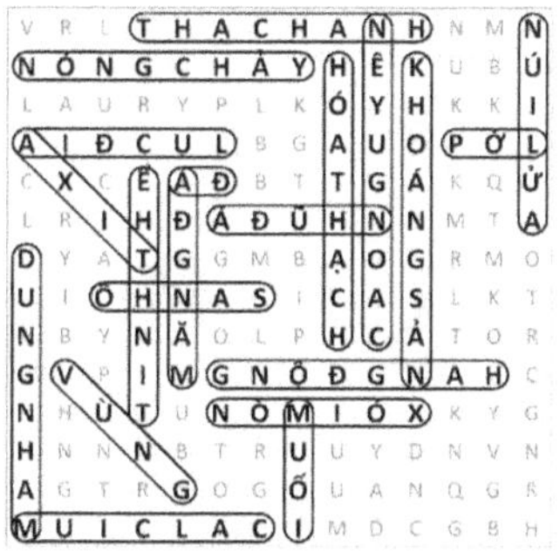

60 - Cirque

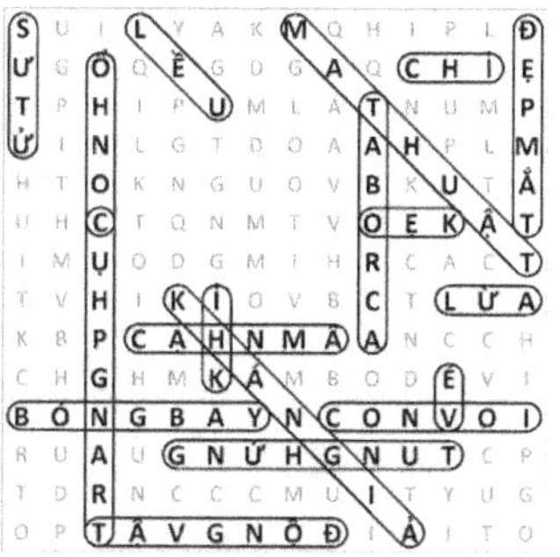

61 - Jardin

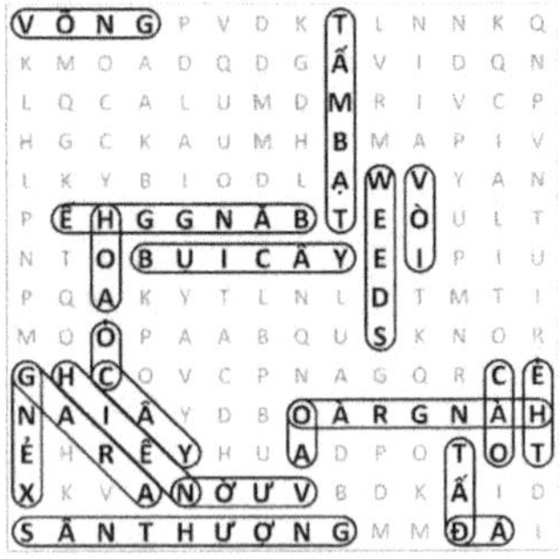

62 - Santé et Bien Être #1

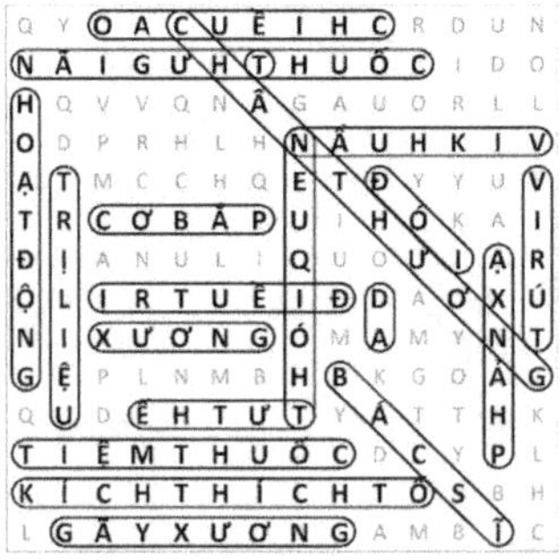

63 - Barbecues

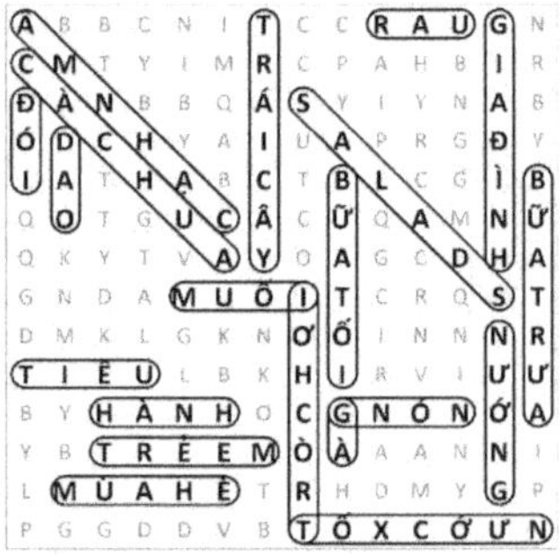

64 - Ferme #1

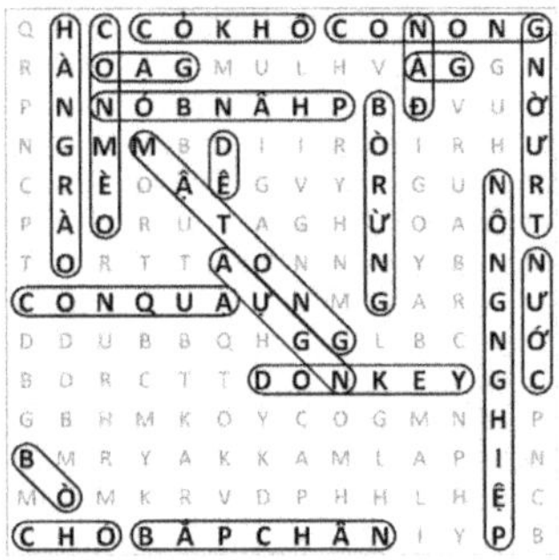

65 - Café

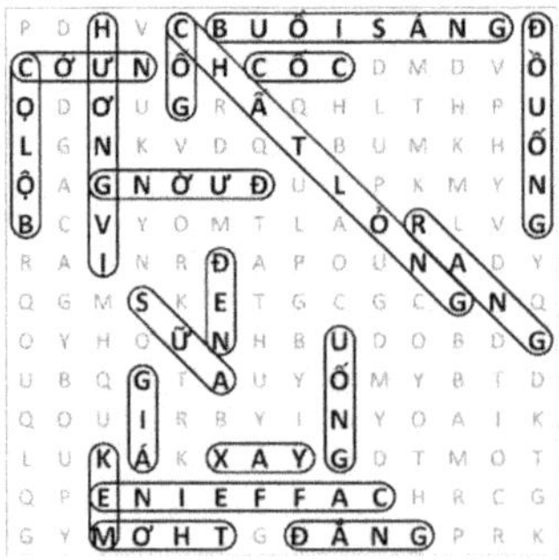

66 - Antarctique

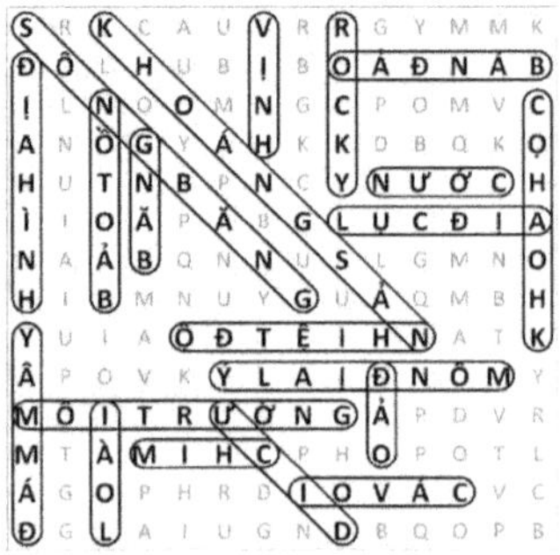

67 - Professions #2

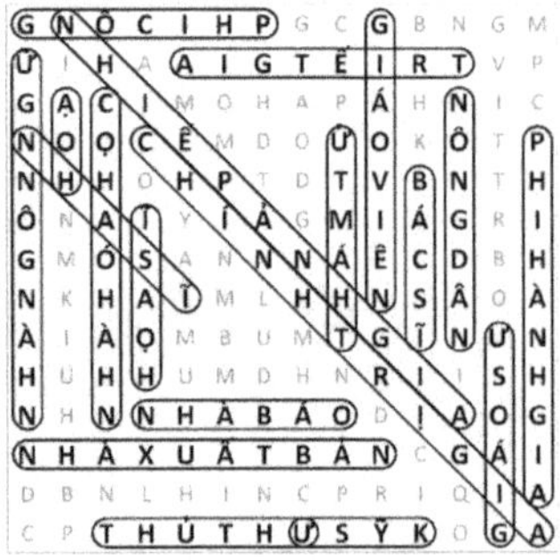

68 - Les Abeilles

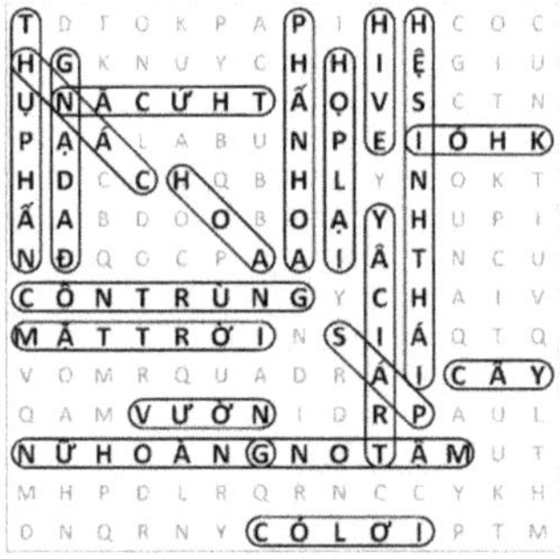

69 - Santé et Bien Être #2

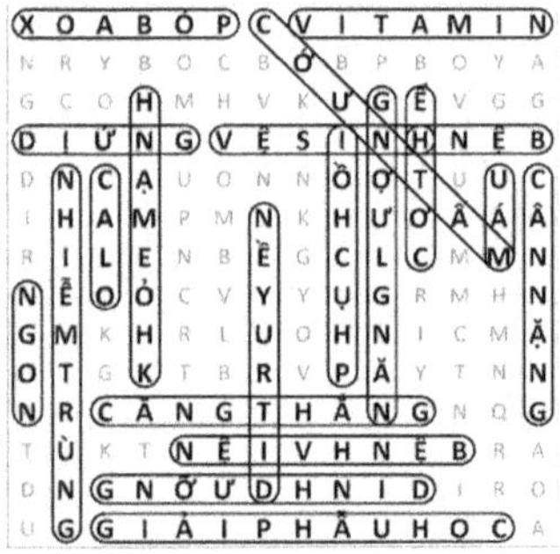

70 - Conduite

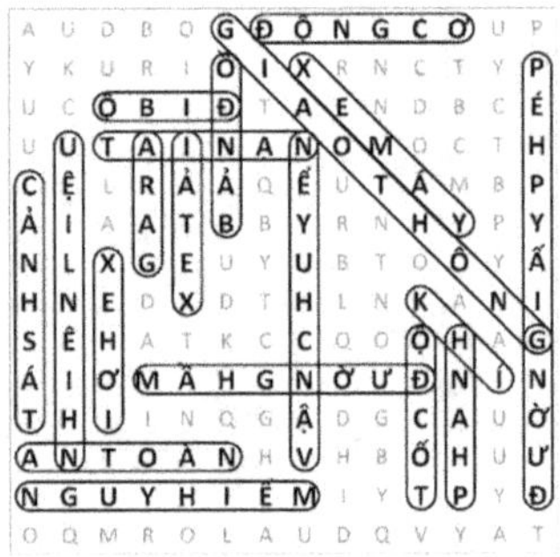

71 - Plantes

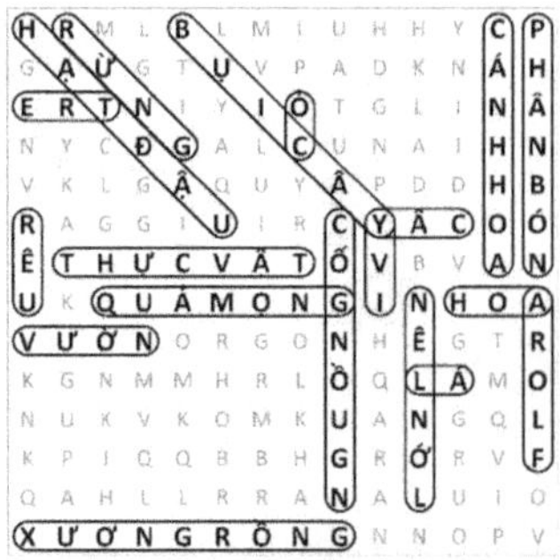

72 - Ferme #2

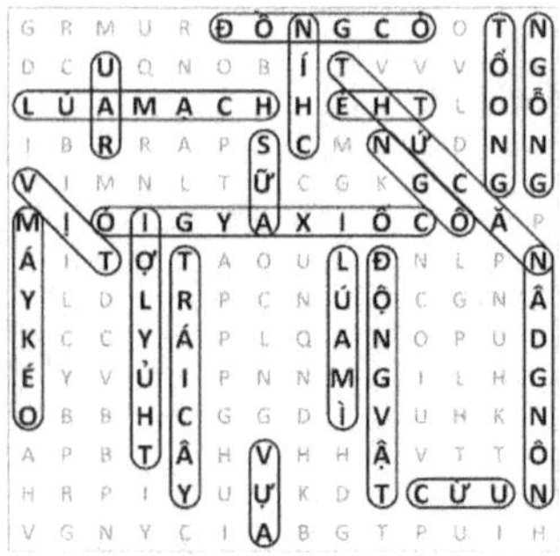

73 - Vacances #2

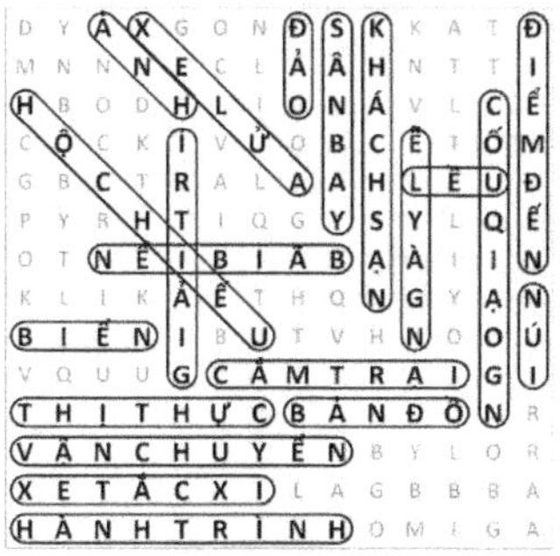

74 - Éthique

75 - Temps

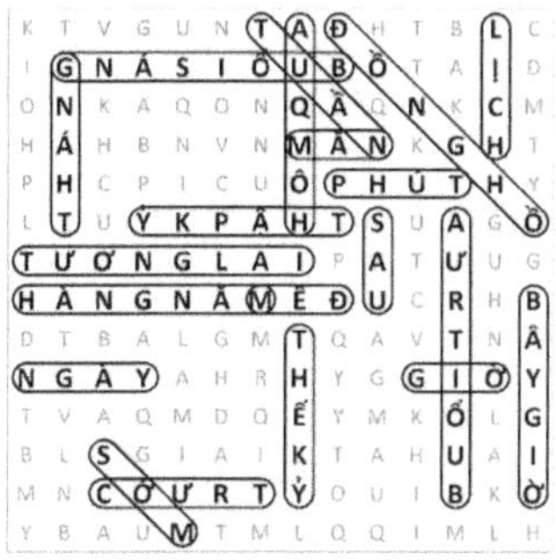

76 - Maison

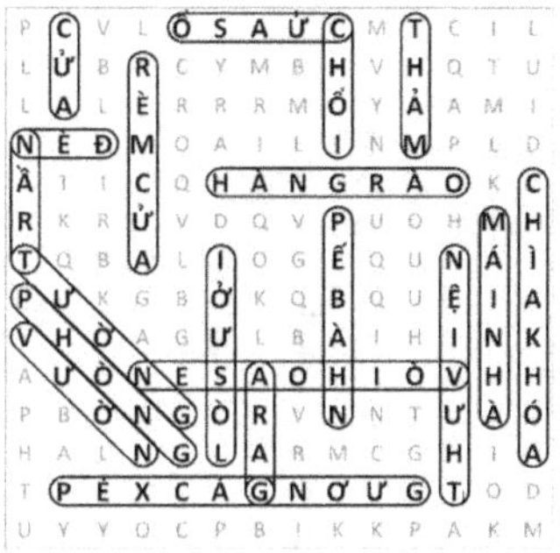

77 - Légumes

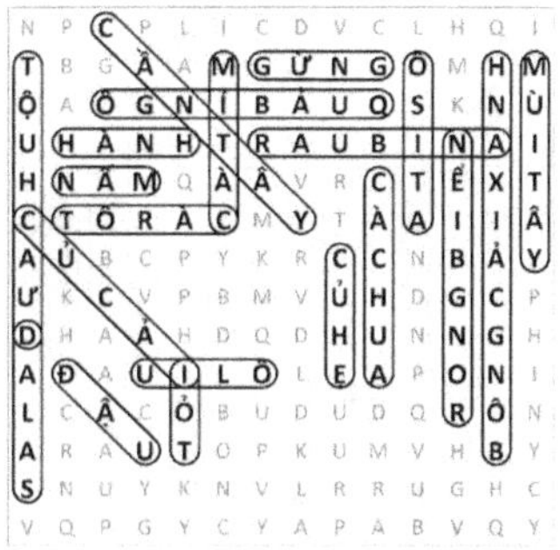

78 - Plage

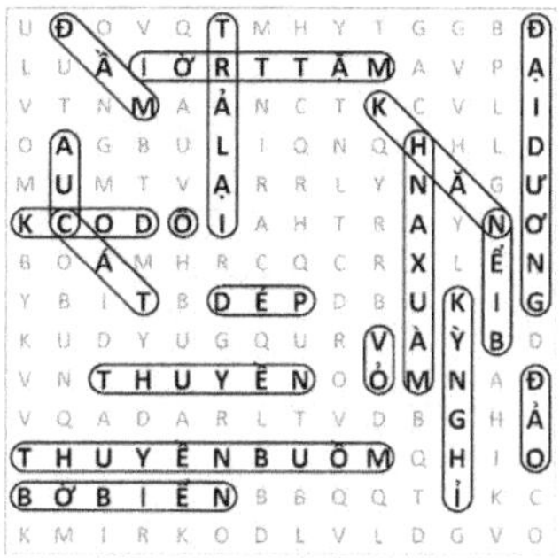

79 - Famille

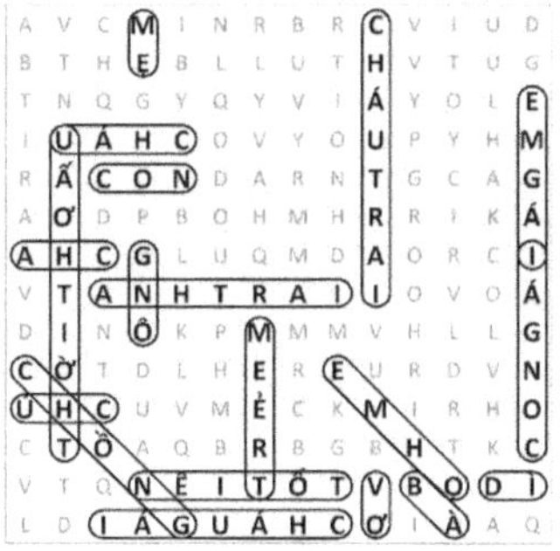

80 - Oiseaux

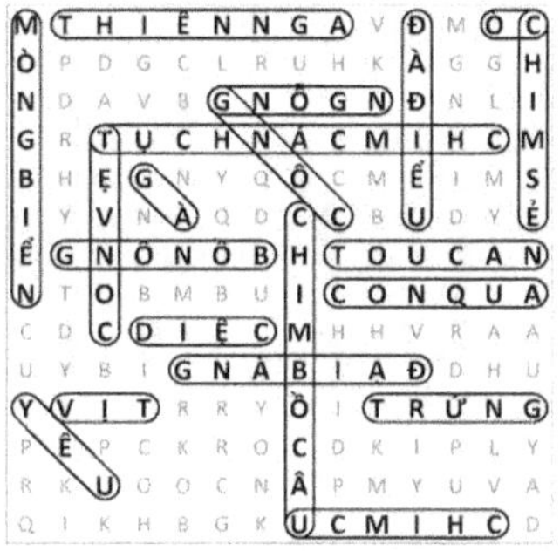

81 - Disciplines Scientifiques

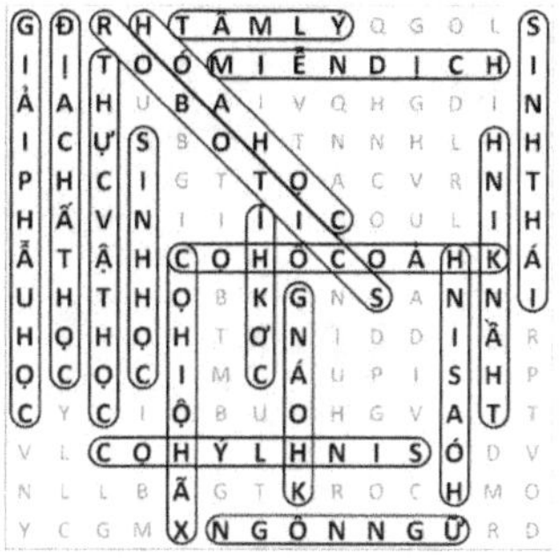

82 - Émotions

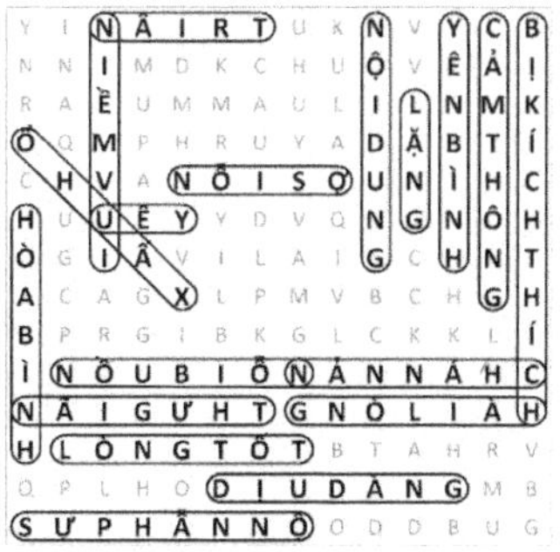

83 - Géographie

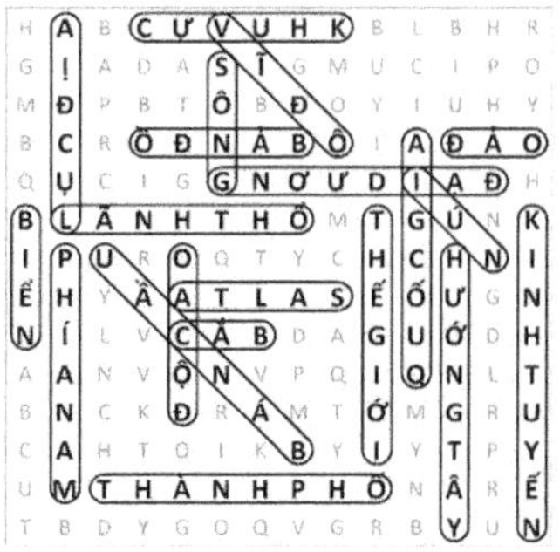

84 - Danse

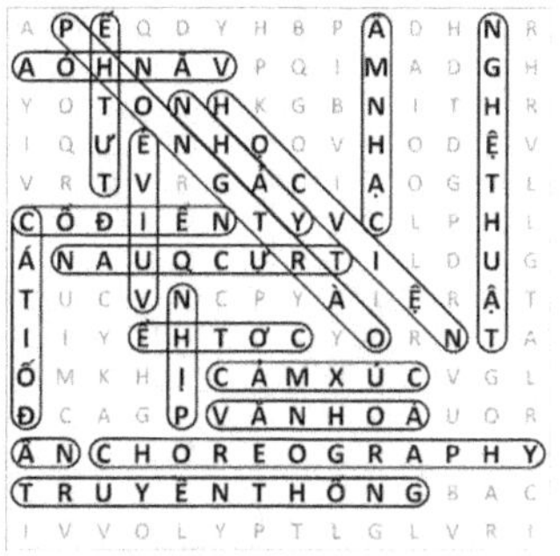

85 - Bâtiments

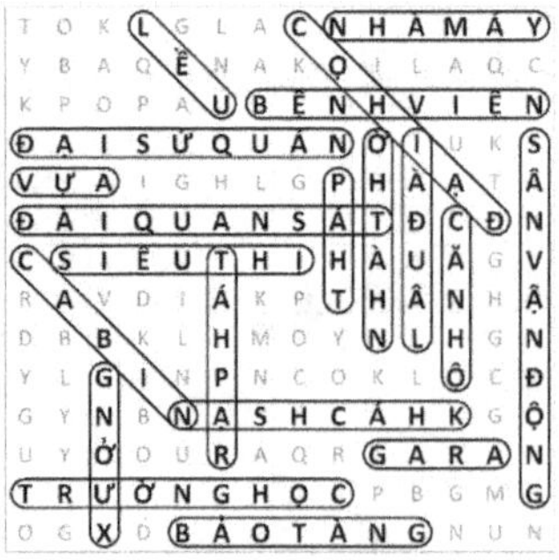

86 - Pêche

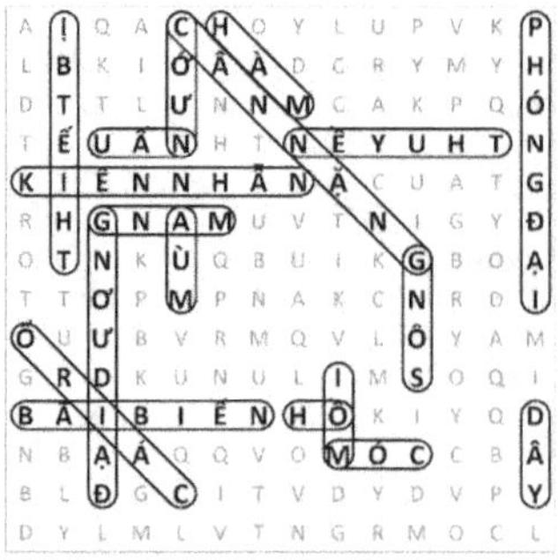

87 - Activités et Loisirs

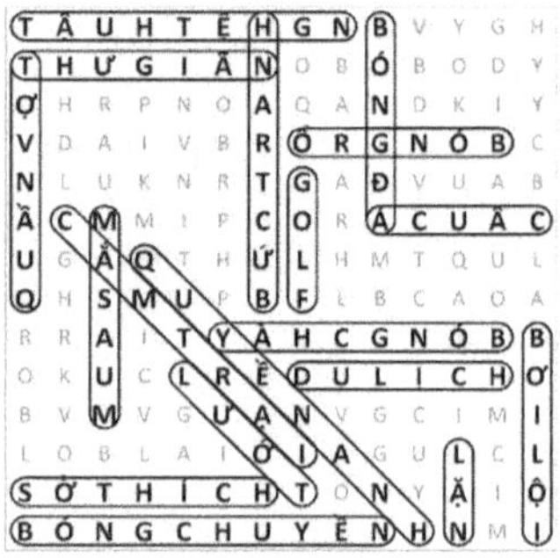

88 - Livres

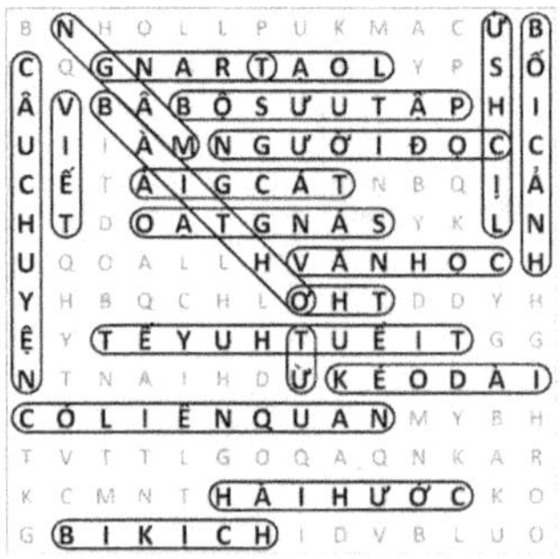

89 - Pays #2

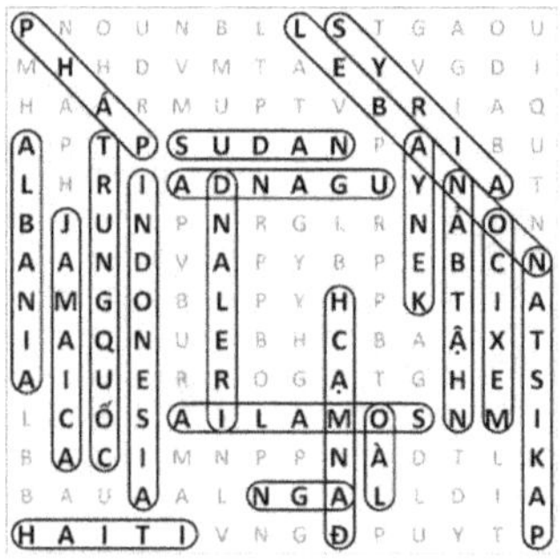

90 - Fournitures d'Art

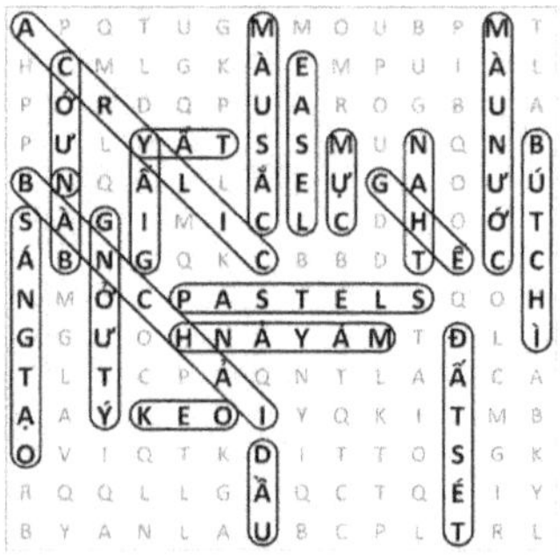

91 - Eau

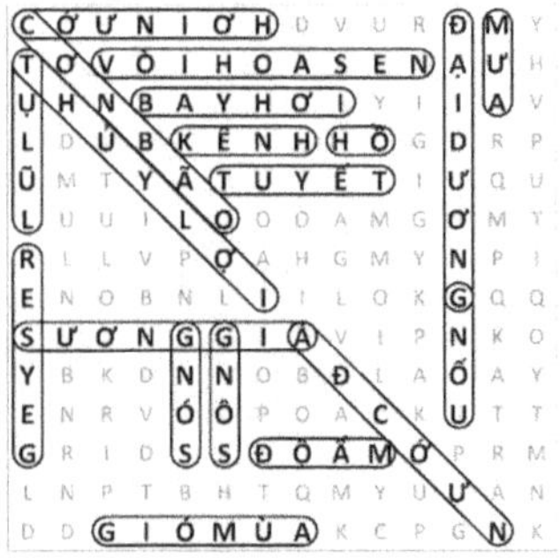

92 - Jazz

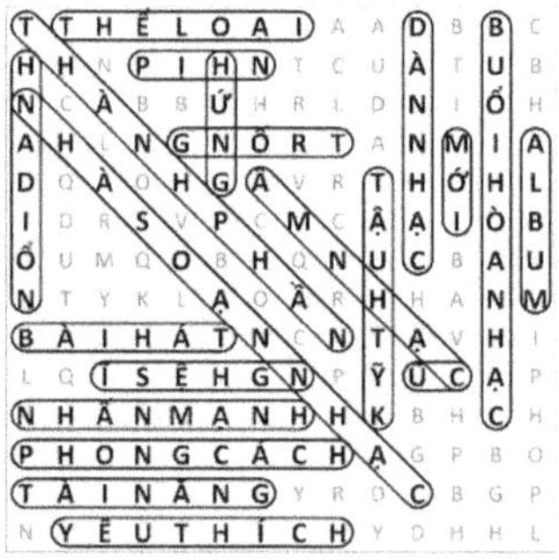

93 - Paysages

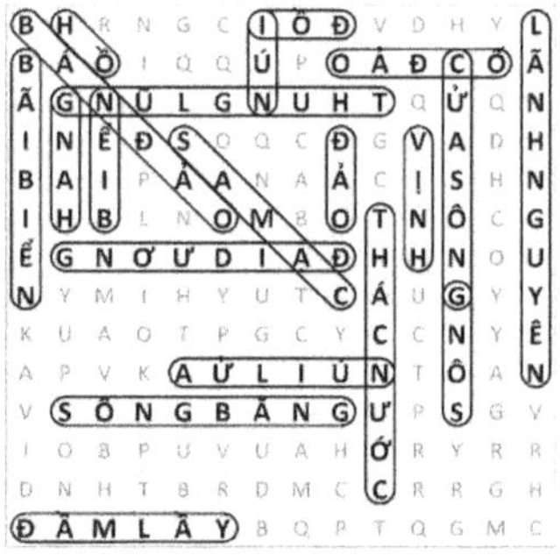

94 - Pays #1

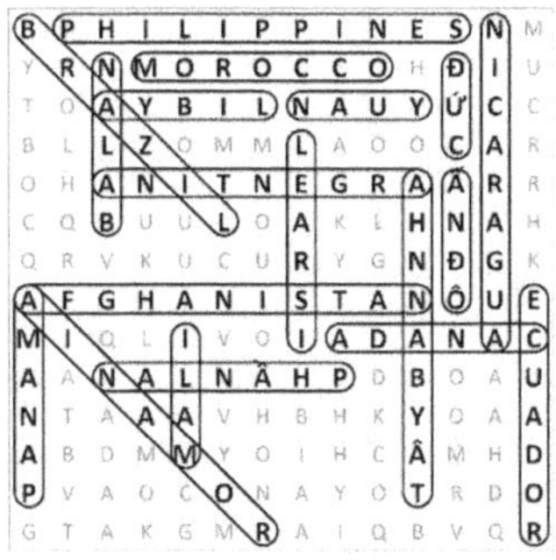

95 - Nombres

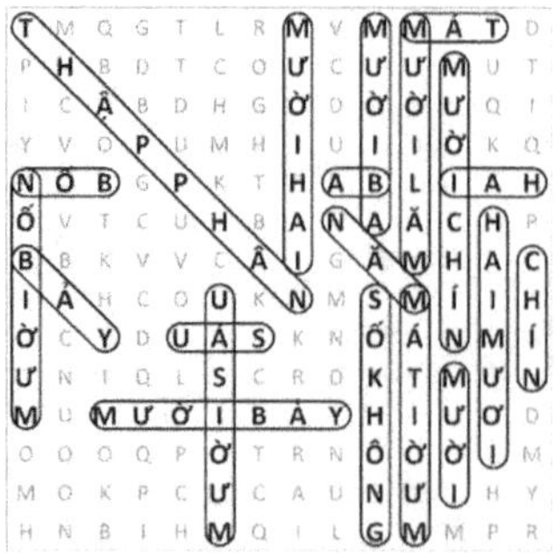

96 - Psychologie

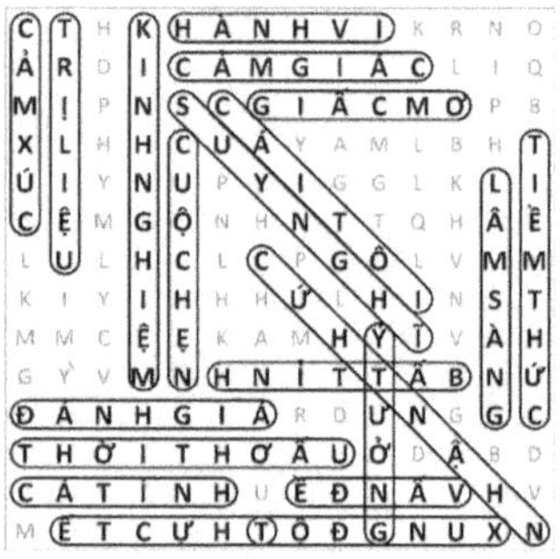

97 - Nature

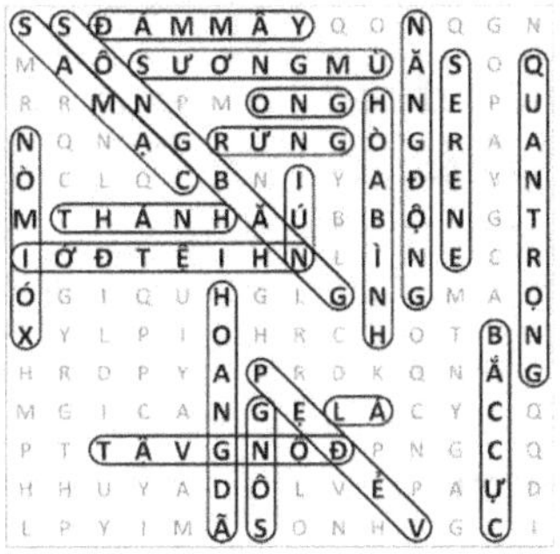

98 - Chimie

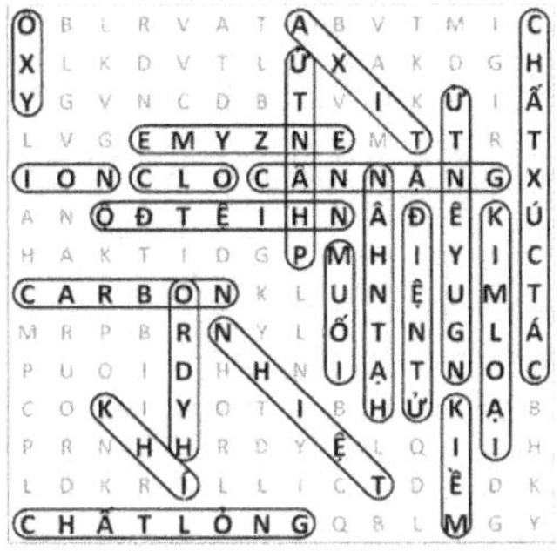

99 - Bateaux

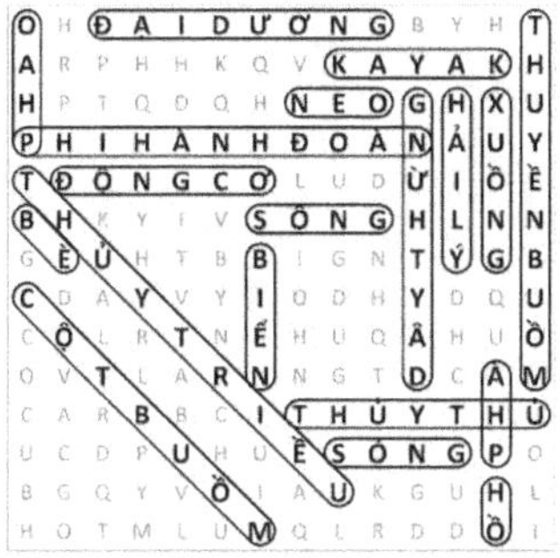

100 - Mesures

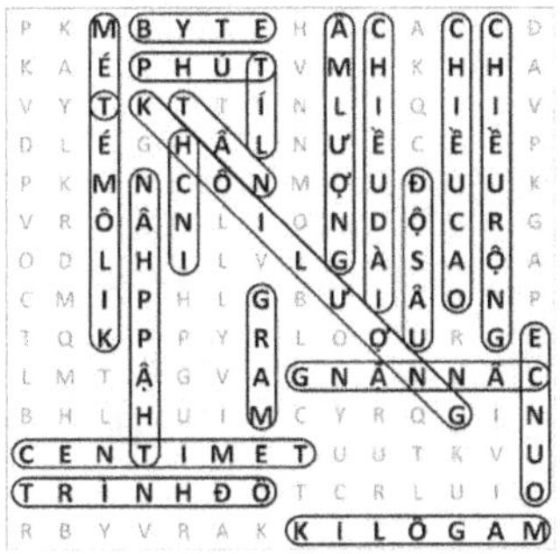

Dictionnaire

Activités
Các Hoạt Động

Activité	Hoạt Động
Art	Nghệ Thuật
Artisanat	Đồ thủ Công
Camping	Cắm Trại
Chasse	Săn Bắn
Compétence	Kỹ Năng
Couture	May
Jardinage	Làm Vườn
Jeux	Trò Chơi
Lecture	Đọc
Loisir	Giải Trí
Magie	Ma Thuật
Peinture	Bức Tranh
Pêche	Câu Cá
Photographie	Nhiếp Ảnh
Plaisir	Hài Lòng
Puzzles	Câu Đố
Relaxation	Thư Giãn
Tricot	Đan

Activités et Loisirs
Và các Hoạt Động Giải Trí

Achats	Mua Sắm
Art	Nghệ Thuật
Base-Ball	Bóng Chày
Basket-Ball	Bóng Rổ
Boxe	Quyền Anh
Camping	Cắm Trại
Football	Bóng Đá
Golf	Golf
Jardinage	Làm Vườn
Nager	Bơi Lội
Passe-Temps	Sở Thích
Peinture	Bức Tranh
Pêche	Câu Cá
Plongée	Lặn
Relaxant	Thư Giãn
Surf	Lướt
Tennis	Quần Vợt
Volley-Ball	Bóng Chuyền
Voyage	Du Lịch

Adjectifs #1
Tính từ số 1

Absolu	Tuyệt Đối
Actif	Hoạt Động
Ambitieux	Đầy Tham Vọng
Aromatique	Thơm
Artistique	Nghệ Thuật
Attractif	Hấp Dẫn
Beau	Đẹp
Exotique	Kỳ Lạ
Énorme	Khổng Lồ
Généreux	Rộng Lượng
Honnête	Trung Thực
Important	Quan Trọng
Innocent	Vô Tội
Jeune	Trẻ
Lent	Chậm
Lourd	Nặng
Mince	Mỏng
Moderne	Hiện Đại
Parfait	Hoàn Hảo
Utile	Hữu Ích

Adjectifs #2
Tính từ số 2

Authentique	Thật
Célèbre	Nổi Danh
Créatif	Sáng Tạo
Descriptif	Mô Tả
Doué	Năng Khiếu
Dramatique	Kịch
Élégant	Thanh Lịch
Fier	Tự Hào
Fort	Mạnh
Intéressant	Thú Vị
Naturel	Tự Nhiên
Nouveau	Mới
Productif	Màu Mỡ
Puissant	Mạnh Mẽ
Pur	Thuần
Sain	Khỏe Mạnh
Salé	Mặn
Sauvage	Hoang Dã
Sec	Khô
Somnolent	Buồn Ngủ

Algèbre
Đại số Học

Diagramme	Sơ Đồ
Exposant	Mũ
Équation	Phương Trình
Facteur	Tố
Faux	Sai
Formule	Công Thức
Fraction	Phân Số
Infini	Vô Hạn
Linéaire	Tuyến Tính
Matrice	Ma Trận
Nombre	Số
Parenthèse	Ngoặc
Problème	Vấn Đề
Quantité	Số Lượng
Simplifier	Đơn Giản Hóa
Solution	Giải Pháp
Somme	Tổng
Soustraction	Phép Trừ
Variable	Biến
Zéro	Số Không

Antarctique
Nam Cực

Baie	Vịnh
Baleines	Cá Voi
Conservation	Bảo Tồn
Continent	Lục Địa
Eau	Nước
Environnement	Môi Trường
Espèce	Loài
Géographie	Môn địa Lý
Glace	Băng
Glaciers	Sông Băng
Îles	Đảo
Migration	Di Cư
Minéraux	Khoáng Sản
Nuage	Đám Mây
Oiseaux	Chim
Péninsule	Bán Đảo
Rocheux	Rocky
Scientifique	Khoa Học
Température	Nhiệt Độ
Topographie	Địa Hình

Antiquités
Đồ Cổ

Art	Nghệ Thuật
Authentique	Thật
Bijoux	Trang Sức
Collectionneur	Thu
Condition	Điều Kiện
Décoratif	Trang Trí
Enchères	Đấu Giá
Élégant	Thanh Lịch
Galerie	Bộ sưu Tập
Investissement	Đầu Tư
Meubles	Đồ nội Thất
Pièces	Đồng Xu
Prix	Giá
Qualité	Chất Lượng
Restauration	Phục Hồi
Sculpture	Điêu Khắc
Siècle	Thế Kỷ
Style	Phong Cách
Valeur	Giá Trị
Vieux	Cũ

Archéologie
Khảo cổ Học

Analyse	Phân Tích
Ancien	Cổ
Années	Năm
Civilisation	Nền văn Minh
Expert	Chuyên Gia
Ère	Kỷ Nguyên
Équipe	Đội
Évaluation	Đánh Giá
Fossile	Hóa Thạch
Fragments	Mảnh
Inconnu	Không Rõ
Mystère	Bí Ẩn
Objets	Đối Tượng
Os	Xương
Oublié	Quên
Poterie	Đồ Gốm
Professeur	Giáo Sư
Relique	Di Tích
Temple	Ngôi Đền
Tombe	Mộ

Arts Visuels
Nghệ Thuật thị Giác

Architecture	Kiến Trúc
Argile	Đất Sét
Artiste	Nghệ Sĩ
Chef-D'Œuvre	Kiệt Tác
Chevalet	Vẽ
Cire	Sáp
Composition	Thành Phần
Craie	Phấn
Crayon	Bút Chì
Créativité	Sáng Tạo
Film	Phim Ảnh
Peinture	Bức Tranh
Perspective	Quan Điểm
Photographie	Ảnh Chụp
Pochoir	Giấy Nến
Portrait	Chân Dung
Poterie	Đồ Gốm
Sculpture	Điêu Khắc
Stylo	Cái Bút

Astronomie
Thiên văn Học

Astronaute	Phi Hành Gia
Ciel	Bầu Trời
Comète	Sao Chổi
Constellation	Chòm Sao
Cosmos	Vũ Trụ
Éclipse	Nhật Thực
Équinoxe	Phân
Fusée	Tên Lửa
Galaxie	Thiên Hà
Gravité	Trọng Lực
Lune	Mặt Trăng
Météore	Sao Băng
Nébuleuse	Tinh Vân
Observatoire	Đài Quan Sát
Planète	Hành Tinh
Radiation	Bức Xạ
Satellite	Vệ Tinh
Supernova	Siêu tân Tinh
Terre	Trái Đất
Zodiaque	Zodiac

Avions
Máy Bay

Altitude	Độ Cao
Atmosphère	Không Khí
Atterrissage	Đổ Bộ
Ballon	Bóng
Carburant	Nhiên Liệu
Ciel	Bầu Trời
Construction	Xây Dựng
Descente	Hạ Xuống
Design	Thiết Kế
Direction	Hướng
Équipage	Phi Hành Đoàn
Hauteur	Chiều Cao
Hélices	Cánh Quạt
Histoire	Lịch Sử
Hydrogène	Hydro
Météo	Thời Tiết
Moteur	Động Cơ
Passager	Hành Khách
Pilote	Phi Công
Turbulence	Nhiễu Loạn

Barbecues
Ăn Thịt Nướng

Chaud	Nóng
Couteaux	Dao
Déjeuner	Bữa Trưa
Dîner	Bữa Tối
Enfants	Trẻ Em
Été	Mùa Hè
Faim	Đói
Famille	Gia Đình
Fruit	Trái Cây
Gril	Nướng
Jeux	Trò Chơi
Légumes	Rau
Musique	Âm Nhạc
Oignons	Hành
Poivre	Tiêu
Poulet	Gà
Salades	Salads
Sauce	Nước Xốt
Sel	Muối
Tomates	Cà Chua

Bateaux
Thuyền

Ancre	Neo
Bouée	Phao
Canoë	Xuồng
Corde	Dây Thừng
Équipage	Phi Hành Đoàn
Ferry	Phà
Fleuve	Sông
Kayak	Kayak
Lac	Hồ
Marée	Thủy Triều
Marin	Thủy Thủ
Mât	Cột Buồm
Mer	Biển
Moteur	Động Cơ
Nautique	Hải Lý
Océan	Đại Dương
Radeau	Bè
Vagues	Sóng
Voilier	Thuyền Buồm
Yacht	Du Thuyền

Bâtiments
Các tòa Nhà

Ambassade	Đại sứ Quán
Appartement	Căn Hộ
Atelier	Xưởng
Cabine	Cabin
Cathédrale	Nhà Thờ
Château	Lâu Đài
École	Trường Học
Garage	Ga-Ra
Grange	Vựa
Hôpital	Bệnh Viện
Hôtel	Khách Sạn
Musée	Bảo Tàng
Observatoire	Đài Quan Sát
Stade	Sân vận Động
Supermarché	Siêu Thị
Tente	Lều
Théâtre	Rạp Hát
Tour	Tháp
Université	Đại Học
Usine	Nhà Máy

Beauté
Sắc Đẹp

Boucles	Curls
Charme	Quyến Rũ
Ciseaux	Kéo
Cosmétique	Mỹ Phẩm
Couleur	Màu
Élégance	Sang Trọng
Élégant	Thanh Lịch
Grâce	Ân
Huiles	Dầu
Lisse	Mịn
Maquillage	Trang Điểm
Mascara	Mascara
Miroir	Gương
Parfum	Hương Thơm
Peau	Da
Photogénique	Ăn Ảnh
Rouge à Lèvres	Son Môi
Services	Dịch Vụ
Shampooing	Dầu Gội
Styliste	Stylist

Boxe
Quyền Anh

Adversaire	Đối Thủ
Arbitre	Trọng Tài
Blessures	Chấn Thương
Cloche	Chuông
Coin	Góc
Combattant	Đấu Sĩ
Compétence	Kỹ Năng
Concentrer	Tiêu Điểm
Cordes	Dây Thừng
Corps	Cơ Thể
Coude	Khuỷu Tay
Coup	Đá
Épuisé	Kiệt Sức
Force	Sức Mạnh
Gants	Găng Tay
Menton	Cằm
Poing	Nắm Tay
Points	Điểm
Rapide	Nhanh
Récupération	Phục Hồi

Café
Cà Phê

Amer	Đắng
Arôme	Thơm
Boire	Uống
Boisson	Đồ Uống
Caféine	Caffeine
Crème	Kem
Eau	Nước
Filtre	Bộ Lọc
Lait	Sữa
Liquide	Chất Lỏng
Matin	Buổi Sáng
Moudre	Xay
Noir	Đen
Origine	Gốc
Prix	Giá
Rôti	Rang
Saveur	Hương Vị
Sucre	Đường
Tasse	Cốc

Camping
Cắm Trại

Animaux	Động Vật
Arbres	Cây
Boussole	La Bàn
Cabine	Cabin
Canoë	Xuồng
Carte	Bản Đồ
Chapeau	Mũ
Chasse	Săn Bắn
Corde	Dây Thừng
Équipement	Thiết Bị
Feu	Lửa
Forêt	Rừng
Hamac	Võng
Insecte	Côn Trùng
Lac	Hồ
Lanterne	Đèn Lồng
Lune	Mặt Trăng
Montagne	Núi
Nature	Thiên Nhiên
Tente	Lều

Chimie
Hóa Học

Acide	Axit
Alcalin	Kiềm
Atomique	Nguyên Tử
Carbone	Carbon
Catalyseur	Chất xúc Tác
Chaleur	Nhiệt
Chlore	Clo
Enzyme	Enzyme
Électron	Điện Tử
Gaz	Khí
Hydrogène	Hydro
Ion	Ion
Liquide	Chất Lỏng
Métaux	Kim Loại
Molécule	Phân Tử
Nucléaire	Hạt Nhân
Oxygène	Ôxy
Poids	Cân Nặng
Sel	Muối
Température	Nhiệt Độ

Chocolat
Sô-Cô-La

Amer	Đắng
Antioxydant	Antioxidant
Arôme	Thơm
Bonbon	Kẹo
Cacahuètes	Đậu Phộng
Cacao	Cacao
Calories	Calo
Caramel	Caramel
Délicieux	Ngon
Doux	Ngọt
Exotique	Kỳ Lạ
Favori	Yêu Thích
Goût	Vị
Ingrédient	Thành Phần
Noix de Coco	Dừa
Poudre	Bột
Qualité	Chất Lượng
Recette	Công Thức
Saveur	Hương Vị
Sucre	Đường

Cirque
Rạp Xiếc

Acrobate	Acrobat
Animaux	Động Vật
Astuce	Lừa
Ballons	Bóng Bay
Billet	Vé
Bonbon	Kẹo
Costume	Trang Phục
Éléphant	Con Voi
Jongleur	Tung Hứng
Lion	Sư Tử
Magie	Ma Thuật
Montrer	Chỉ
Musique	Âm Nhạc
Singe	Khỉ
Spectaculaire	Đẹp Mắt
Spectateur	Khán Giả
Tente	Lều
Tigre	Con Hổ

Conduite
Điều Khiển

Accident	Tai Nạn
Camion	Xe Tải
Carburant	Nhiên Liệu
Carte	Bản Đồ
Danger	Nguy Hiểm
Freins	Phanh
Garage	Ga-Ra
Gaz	Khí
Licence	Giấy Phép
Moteur	Động Cơ
Moto	Xe Máy
Piéton	Đi Bộ
Police	Cảnh Sát
Route	Đường
Sécurité	An Toàn
Trafic	Giao Thông
Transport	Vận Chuyển
Tunnel	Đường Hầm
Vitesse	Tốc Độ
Voiture	Xe Hơi

Corps Humain
Cơ thể con Người

Bouche	Miệng
Cerveau	Óc
Cheville	Mắt Cá
Cou	Cổ
Coude	Khuỷu Tay
Cœur	Tim
Doigt	Ngón Tay
Estomac	Bụng
Épaule	Vai
Genou	Đầu Gối
Lèvres	Đôi Môi
Main	Tay
Mâchoire	Hàm
Menton	Cằm
Nez	Mũi
Oreille	Tai
Peau	Da
Sang	Máu
Tête	Đầu
Visage	Đối Mặt

Créativité
Sự Sáng Tạo

Artistique	Nghệ Thuật
Authenticité	Tính xác Thực
Clarté	Rõ Ràng
Compétence	Kỹ Năng
Dramatique	Kịch
Expression	Biểu Hiện
Émotions	Cảm Xúc
Fluidité	Lỏng
Idées	Ý Tưởng
Image	Ảnh
Impression	Ấn Tượng
Inspiration	Cảm Hứng
Intensité	Cường Độ
Intuition	Trực Giác
Inventif	Sáng Tạo
Sensation	Cảm Giác
Spontané	Tự Phát
Visions	Tầm Nhìn
Vitalité	Sức Sống

Danse
Nhảy

Académie	Học Viện
Art	Nghệ Thuật
Chorégraphie	Choreography
Classique	Cổ Điển
Corps	Cơ Thể
Culture	Văn Hoá
Culturel	Văn Hóa
Émotion	Cảm Xúc
Grâce	Ân
Joyeux	Vui Vẻ
Mouvement	Phong Trào
Musique	Âm Nhạc
Partenaire	Đối Tác
Posture	Tư Thế
Rythme	Nhịp
Saut	Nhảy
Traditionnel	Truyền Thống
Visuel	Trực Quan

Diplomatie
Ngoại Giao

Ambassade	Đại sứ Quán
Ambassadeur	Đại Sứ
Citoyens	Công Dân
Communauté	Cộng Đồng
Conflit	Xung Đột
Conseiller	Cố Vấn
Coopération	Hợp Tác
Diplomatique	Ngoại Giao
Discussion	Thảo Luận
Éthique	Đạo Đức
Étranger	Ngoại Quốc
Gouvernement	Chính Phủ
Humanitaire	Nhân Đạo
Intégrité	Toàn Vẹn
Justice	Sự Công Bằng
Politique	Chính Trị
Résolution	Nghị Quyết
Sécurité	An Ninh
Solution	Giải Pháp
Traité	Hiệp Ước

Disciplines Scientifiques
Các Ngành Khoa Học

Anatomie	Giải Phẫu Học
Archéologie	Khảo cổ Học
Astronomie	Thiên văn Học
Biochimie	Hóa Sinh
Biologie	Sinh Học
Botanique	Thực vật Học
Chimie	Hóa Học
Écologie	Sinh Thái
Géologie	Địa Chất Học
Immunologie	Miễn Dịch
Linguistique	Ngôn Ngữ
Mécanique	Cơ Khí
Météorologie	Khí Tượng Học
Minéralogie	Khoáng
Neurologie	Thần Kinh
Physiologie	Sinh lý Học
Psychologie	Tâm Lý
Robotique	Robotics
Sociologie	Xã hội Học
Zoologie	Động vật Học

Eau
Nước

Canal	Kênh
Douche	Vòi hoa Sen
Évaporation	Bay Hơi
Fleuve	Sông
Gel	Sương Giá
Geyser	Geyser
Glace	Nước Đá
Humidité	Độ Ẩm
Inondation	Lũ Lụt
Irrigation	Thủy Lợi
Lac	Hồ
Mousson	Gió Mùa
Neige	Tuyết
Océan	Đại Dương
Ouragan	Cơn Bão
Pluie	Mưa
Potable	Uống
Vagues	Sóng
Vapeur	Hơi Nước

Entreprise
Doanh Nghiệp

Argent	Tiền
Boutique	Cửa Tiệm
Budget	Ngân Sách
Bureau	Văn Phòng
Carrière	Nghề Nghiệp
Coût	Chi Phí
Devise	Tiền Tệ
Employeur	Chủ Nhân
Employé	Nhân Viên
Entreprise	Công Ty
Économie	Kinh Tế
Finance	Tài Chính
Impôts	Thuế
Investissement	Đầu Tư
Marchandise	Hàng Hóa
Profit	Lợi Nhuận
Revenu	Thu Nhập
Transaction	Giao Dịch
Usine	Nhà Máy
Vente	Bán

Échecs
Cờ Vua

Adversaire	Đối Thủ
Blanc	Trắng
Champion	Quán Quân
Concours	Cuộc Thi
Diagonal	Đường Chéo
Intelligent	Thông Minh
Jeu	Trò Chơi
Joueur	Người Chơi
Noir	Đen
Passif	Thụ Động
Points	Điểm
Reine	Nữ Hoàng
Règles	Quy Tắc
Roi	Vua
Sacrifice	Hy Sinh
Stratégie	Chiến Lược
Temps	Thời Gian
Tournoi	Giải Đấu

Écologie
Sinh Thái Học

Climat	Khí Hậu
Communautés	Cộng Đồng
Diversité	Đa Dạng
Durable	Bền Vững
Espèce	Loài
Faune	Động Vật
Flore	Flora
Global	Toàn Cầu
Marais	Marsh
Marin	Biển
Montagnes	Núi
Nature	Thiên Nhiên
Naturel	Tự Nhiên
Plantes	Cây
Ressources	Tài Nguyên
Sécheresse	Hạn Hán
Survie	Sự Sống Còn
Végétation	Thực Vật

Électricité
Điện

Aimant	Nam Châm
Batterie	Pin
Câble	Cáp
Électricien	Thợ Điện
Électrique	Điện
Équipement	Thiết Bị
Fils	Dây
Générateur	Máy Phát Điện
Lampe	Đèn
Laser	Laser
Négatif	Tiêu Cực
Objets	Đối Tượng
Positif	Tích Cực
Prise	Ổ Cắm
Quantité	Số Lượng
Réseau	Mạng
Stockage	Lưu Trữ
Téléphone	Điện Thoại

Émotions
Những cảm Xúc

Amour	Yêu
Calme	Lặng
Colère	Sự Phẫn Nộ
Contenu	Nội Dung
Détendu	Thư Giãn
Embarrassé	Xấu Hổ
Ennui	Chán Nản
Excité	Bị Kích Thích
Gentillesse	Lòng Tốt
Joie	Niềm Vui
Paix	Hòa Bình
Peur	Nỗi Sợ
Reconnaissant	Tri Ân
Satisfait	Hài Lòng
Sympathie	Cảm Thông
Tendresse	Dịu Dàng
Tranquillité	Yên Bình
Tristesse	Nỗi Buồn

Énergie
Năng Lượng

Batterie	Pin
Carbone	Carbon
Carburant	Nhiên Liệu
Chaleur	Nhiệt
Diesel	Diesel
Entropie	Entropy
Environnement	Môi Trường
Essence	Xăng
Électrique	Điện
Électron	Điện Tử
Hydrogène	Hydro
Industrie	Công Nghiệp
Moteur	Động Cơ
Nucléaire	Hạt Nhân
Photon	Photon
Pollution	Ô Nhiễm
Renouvelable	Tái Tạo
Soleil	Mặt Trời
Turbine	Tua-Bin
Vent	Gió

Épices
Gia Vị

Aigre	Chua
Ail	Tỏi
Amer	Đắng
Anis	Cây Hồi
Cannelle	Quế
Cardamome	Thảo Quả
Coriandre	Rau Mùi
Cumin	Cây thì Là
Curry	Cà Ri
Fenouil	Thì Là
Gingembre	Gừng
Muscade	Nhục đậu Khấu
Oignon	Hành
Paprika	Ớt cựa Gà
Poivre	Tiêu
Réglisse	Cam Thảo
Safran	Nghệ Tây
Saveur	Hương Vị
Sel	Muối
Vanille	Vani

Éthique
Đạo Đức

Altruisme	Lòng vị Tha
Compassion	Thương Hại
Coopération	Hợp Tác
Dignité	Nhân Phẩm
Diplomatique	Ngoại Giao
Gentillesse	Lòng Tốt
Honnêteté	Trung Thực
Humanité	Nhân Loại
Individualisme	Cá Nhân
Intégrité	Toàn Vẹn
Optimisme	Lạc Quan
Patience	Kiên Nhẫn
Philosophie	Triết Học
Raisonnable	Hợp Lý
Respectueux	Tôn Trọng
Sagesse	Sự Khôn Ngoan
Tolérance	Khoan Dung
Valeurs	Giá Trị

Famille
Gia Đình

Ancêtre	Tổ Tiên
Cousin	Em Họ
Enfance	Thời thơ Ấu
Enfant	Con
Enfants	Trẻ Em
Femme	Vợ
Fille	Con Gái
Frère	Anh Trai
Grand-Mère	Bà
Grand-Père	Ông
Mari	Chồng
Mère	Mẹ
Neveu	Cháu
Nièce	Cháu Gái
Oncle	Chú
Petit-Fils	Cháu Trai
Père	Cha
Soeur	Em Gái
Tante	Dì

Ferme #1
Trang Trại số 1

Abeille	Con Ong
Agriculture	Nông Nghiệp
Âne	Donkey
Bison	Bò Rừng
Champ	Trường
Chat	Con Mèo
Cheval	Ngựa
Chèvre	Dê
Chien	Chó
Clôture	Hàng Rào
Corbeau	Con Quạ
Eau	Nước
Engrais	Phân Bón
Foin	Cỏ Khô
Miel	Mật Ong
Poulet	Gà
Riz	Gạo
Troupeau	Đàn
Vache	Bò
Veau	Bắp Chân

Ferme #2
Trang Trại số 2

Agriculteur	Nông Dân
Animaux	Động Vật
Blé	Lúa Mì
Canard	Vịt
Fruit	Trái Cây
Grange	Vựa
Irrigation	Thủy Lợi
Lait	Sữa
Légume	Rau
Maïs	Ngô
Moulin à Vent	Cối xay Gió
Mouton	Cừu
Mûr	Chín
Nourriture	Thức Ăn
Oies	Ngỗng
Orge	Lúa Mạch
Pré	Đồng Cỏ
Ruche	Tổ Ong
Tracteur	Máy Kéo
Verger	Thẻ

Fleurs
Những Bông Hoa

Bouquet	Bó Hoa
Gardénia	Gardenia
Hibiscus	Dâm Bụt
Jasmin	Jasmine
Lavande	Hoa oải Hương
Lilas	Tử Đinh Hương
Lys	Hoa loa Kèn
Magnolia	Magnolia
Marguerite	Daisy
Orchidée	Phong Lan
Pavot	Poppy
Pétale	Cánh Hoa
Pissenlit	Bồ Công Anh
Pivoine	Hoa mẫu Đơn
Plumeria	Plumeria
Rose	Hoa Hồng
Tournesol	Hướng Dương
Trèfle	Cỏ ba Lá
Tulipe	Lời Khuyên

Force et Gravité
Lực Lượng và Trọng Lực

Axe	Trục
Centre	Trung Tâm
Découverte	Khám Phá
Distance	Khoảng Cách
Dynamique	Năng Động
Expansion	Mở Rộng
Élan	Đà
Friction	Ma Sát
Magnétisme	Từ Tính
Mécanique	Cơ Khí
Mouvement	Cử Động
Orbite	Quỹ Đạo
Physique	Vật Lý
Planètes	Hành Tinh
Poids	Cân Nặng
Pression	Sức Ép
Propriétés	Tính Chất
Temps	Thời Gian
Universel	Phổ
Vitesse	Tốc Độ

Formes
Hình Dạng

Arc	Cung
Bords	Cạnh
Carré	Quảng Trường
Cercle	Vòng Tròn
Coin	Góc
Courbe	Đường Cong
Cône	Nón
Côté	Bên
Cylindre	Hình Trụ
Ellipse	Ellipse
Hyperbole	Hyperbola
Ligne	Hàng
Polygone	Đa Giác
Prisme	Lăng
Pyramide	Kim tự Tháp
Rectangle	Hình chữ Nhật
Rond	Vòng
Sphère	Cầu
Triangle	Tam Giác

Fournitures d'Art
Đồ Dùng Nghệ Thuật

Acrylique	Acrylic
Aquarelles	Màu Nước
Argile	Đất Sét
Brosses	Bàn Chải
Caméra	Máy Ảnh
Chaise	Ghế
Charbon	Than
Chevalet	Easel
Colle	Keo
Couleurs	Màu Sắc
Crayons	Bút Chì
Créativité	Sáng Tạo
Eau	Nước
Encre	Mực
Gomme	Tẩy
Huile	Dầu
Idées	Ý Tưởng
Papier	Giấy
Pastels	Pastels
Table	Bàn

Fruit
Trái Cây

Abricot	Quả Mơ
Ananas	Dứa
Avocat	Trái Bơ
Baie	Quả Mọng
Banane	Chuối
Cerise	Quả anh Đào
Citron	Chanh
Figue	Hình
Framboise	Mâm Xôi
Goyave	Ổi
Kiwi	Quả Kiwi
Mangue	Trái Xoài
Melon	Dưa
Nectarine	Cây Xuân Đào
Orange	Cam
Papaye	Đu Đủ
Pêche	Đào
Poire	Lê
Pomme	Táo
Raisin	Nho

Géographie
Môn địa Lý

Altitude	Độ Cao
Atlas	Atlas
Carte	Bản Đồ
Continent	Lục Địa
Fleuve	Sông
Hémisphère	Bán Cầu
Île	Đảo
Latitude	Vĩ Độ
Mer	Biển
Méridien	Kinh Tuyến
Monde	Thế Giới
Montagne	Núi
Nord	Bắc
Océan	Đại Dương
Ouest	Hướng Tây
Pays	Quốc Gia
Région	Khu Vực
Sud	Phía Nam
Territoire	Lãnh Thổ
Ville	Thành Phố

Géologie
Địa Chất Học

Acide	Axit
Calcium	Calcium
Caverne	Hang Động
Continent	Lục Địa
Corail	San Hô
Couche	Lớp
Cristaux	Tinh Thể
Érosion	Xói Mòn
Fondu	Nóng Chảy
Fossile	Hóa Thạch
Lave	Dung Nham
Minéraux	Khoáng Sản
Pierre	Đá
Plateau	Cao Nguyên
Quartz	Thạch Anh
Sel	Muối
Stalactite	Nhũ Đá
Stalagmites	Măng Đá
Volcan	Núi Lửa
Zone	Vùng

Géométrie
Hình Học

Angle	Góc
Calcul	Tính Toán
Cercle	Vòng Tròn
Courbe	Đường Cong
Diamètre	Đường Kính
Dimension	Kích Thước
Équation	Phương Trình
Hauteur	Chiều Cao
Logique	Hợp Lý
Masse	Khối Lượng
Médian	Trung Bình
Nombre	Số
Parallèle	Song Song
Proportion	Tỷ Lệ
Segment	Khúc
Surface	Bề Mặt
Symétrie	Đối Xứng
Théorie	Học Thuyết
Triangle	Tam Giác
Vertical	Thẳng Đứng

Gouvernement
Chính Quyền

Citoyenneté	Quốc Tịch
Civil	Dân Sự
Constitution	Hiến Pháp
Démocratie	Dân Chủ
Discours	Phát Biểu
Discussion	Thảo Luận
District	Quận
Droits	Quyền
Égalité	Bình Đẳng
État	Tiểu Bang
Indépendance	Độc Lập
Judiciaire	Tư Pháp
Justice	Sự Công Bằng
Liberté	Tự Do
Loi	Luật
Monument	Monument
Nation	Quốc Gia
Paisible	Hòa Bình
Politique	Chính Trị
Symbole	Biểu Tượng

Herboristerie
Chủ Nghĩa Thảo Dược

Ail	Tỏi
Aromatique	Thơm
Basilic	Húng Quế
Bénéfique	Có Lợi
Culinaire	Ẩm Thực
Estragon	Giấm
Fenouil	Thì Là
Fleur	Hoa
Ingrédient	Thành Phần
Jardin	Vườn
Lavande	Hoa oải Hương
Marjolaine	Lá Kinh Giới
Menthe	Bạc Hà
Persil	Mùi Tây
Qualité	Chất Lượng
Romarin	Rosemary
Safran	Nghệ Tây
Saveur	Hương Vị
Thym	Xạ Hương
Vert	Xanh

Ingénierie
Kỹ Thuật

Angle	Góc
Axe	Trục
Calcul	Tính Toán
Construction	Xây Dựng
Diagramme	Sơ Đồ
Diamètre	Đường Kính
Diesel	Diesel
Distribution	Phân Phối
Engrenages	Bánh Răng
Énergie	Năng Lượng
Force	Sức Mạnh
Liquide	Chất Lỏng
Machine	Máy
Mesure	Đo
Moteur	Động Cơ
Profondeur	Độ Sâu
Propulsion	Đẩy
Rotation	Xoay
Stabilité	Ổn Định
Structure	Kết Cấu

Instruments de Musique
Nhạc Cụ

Banjo	Bass
Basson	Dàn Nhạc
Carillons	Chuông
Clarinette	Clarinet
Flûte	Sáo
Gong	Chiêng
Guitare	Đàn ghi Ta
Harmonica	Harmonica
Harpe	Đàn Hạc
Mandoline	Mandolin
Marimba	Marimba
Percussion	Gõ
Piano	Dương Cầm
Saxophone	Saxophone
Tambour	Trống
Tambourin	Lục Lạc
Trombone	Trombone
Trompette	Kèn
Violon	Đàn vi ô Lông
Violoncelle	Cello

Jardin
Khu Vườn

Arbre	Cây
Banc	Băng Ghế
Buisson	Bụi Cây
Clôture	Hàng Rào
Étang	Ao
Fleur	Hoa
Garage	Ga-Ra
Hamac	Võng
Herbe	Cỏ
Jardin	Vườn
Mauvaises Herbes	Weeds
Pelle	Xẻng
Porche	Hiên
Râteau	Cào
Roches	Đá
Sol	Đất
Terrasse	Sân Thượng
Trampoline	Tấm Bạt
Tuyau	Vòi
Verger	Thẻ

Jazz
Nhạc Jazz

Accent	Nhấn Mạnh
Album	Album
Artiste	Nghệ Sĩ
Célèbre	Nổi Danh
Chanson	Bài Hát
Compositeur	Nhà Soạn Nhạc
Composition	Thành Phần
Concert	Buổi hòa Nhạc
Favoris	Yêu Thích
Genre	Thể Loại
Improvisation	Hứng
Musique	Âm Nhạc
Nouveau	Mới
Orchestre	Dàn Nhạc
Rythme	Nhịp
Style	Phong Cách
Talent	Tài Năng
Tambours	Trống
Technique	Kỹ Thuật
Vieux	Cũ

Jours et Mois
Ngày và Tháng

Année	Năm
Août	Ngày
Avril	Tháng Tư
Calendrier	Lịch
Décembre	Tháng 12
Dimanche	Chủ Nhật
Février	Tháng Hai
Janvier	Tháng Một
Jeudi	Thứ Năm
Juillet	Tháng Bảy
Juin	Tháng Sáu
Lundi	Thứ Hai
Mardi	Thứ Ba
Mercredi	Thứ Tư
Mois	Tháng
Octobre	Tháng Mười
Samedi	Thứ Bảy
Semaine	Tuần
Septembre	Tháng 9
Vendredi	Thứ Sáu

L'Entreprise
Các Công Ty

Affaires	Kinh Doanh
Créatif	Sáng Tạo
Décision	Quyết Định
Emploi	Việc Làm
Global	Toàn Cầu
Industrie	Công Nghiệp
Investissement	Đầu Tư
Possibilité	Khả Năng
Présentation	Trình Bày
Produit	Sản Phẩm
Professionnel	Chuyên Nghiệp
Progrès	Tiến Bộ
Qualité	Chất Lượng
Ressources	Tài Nguyên
Revenu	Doanh Thu
Réputation	Danh Tiếng
Risques	Rủi Ro
Salaire	Tiền Lương
Tendances	Xu Hướng
Unités	Đơn Vị

Les Abeilles
Những con Ong

Ailes	Cánh
Bénéfique	Có Lợi
Cire	Sáp
Diversité	Đa Dạng
Essaim	Họp Lại
Écosystème	Hệ Sinh Thái
Fleurs	Hoa
Fruit	Trái Cây
Fumée	Khói
Insecte	Côn Trùng
Jardin	Vườn
Miel	Mật Ong
Nourriture	Thức Ăn
Plantes	Cây
Pollen	Phấn Hoa
Pollinisateur	Thụ Phấn
Reine	Nữ Hoàng
Ruche	Hive
Soleil	Mặt Trời

Les Médias
Các Phương Tiện Truyền T

Attitudes	Thái Độ
Commercial	Thương Mại
Communication	Liên Lạc
En Ligne	Trực Tuyến
Édition	Phiên Bản
Éducation	Giáo Dục
Faits	Sự Thật
Financement	Kinh Phí
Images	Hình Ảnh
Individuel	Cá Nhân
Industrie	Công Nghiệp
Intellectuel	Trí Tuệ
Journaux	Báo
Local	Địa Phương
Numérique	Kỹ Thuật Số
Opinion	Ý Kiến
Photos	Ảnh
Public	Công Cộng
Radio	Đài
Réseau	Mạng

Légumes
Rau Củ

Ail	Tỏi
Algue	Rong Biển
Artichaut	Atisô
Aubergine	Cà Tím
Brocoli	Bông cải Xanh
Carotte	Cà Rốt
Céleri	Cần Tây
Champignon	Nấm
Citrouille	Quả bí Ngô
Concombre	Dưa Chuột
Échalote	Củ Hẹ
Épinard	Rau Bina
Gingembre	Gừng
Navet	Củ Cải
Oignon	Hành
Olive	Ô Liu
Persil	Mùi Tây
Pois	Đậu
Salade	Salad
Tomate	Cà Chua

Littérature
Văn Học

Analogie	Tương Tự
Analyse	Phân Tích
Anecdote	Giai Thoại
Auteur	Tác Giả
Biographie	Tiểu Sử
Comparaison	So Sánh
Conclusion	Phần kết Luận
Description	Sự Miêu Tả
Dialogue	Hội Thoại
Fiction	Viễn Tưởng
Métaphore	Ẩn Dụ
Opinion	Ý Kiến
Poème	Bài Thơ
Poétique	Thơ
Rime	Vần
Roman	Tiểu Thuyết
Rythme	Nhịp
Style	Phong Cách
Thème	Chủ Đề
Tragédie	Bi Kịch

Livres
Sách

Auteur	Tác Giả
Collection	Bộ sưu Tập
Contexte	Bối Cảnh
Dualité	Kéo Dài
Écrit	Viết
Histoire	Câu Chuyện
Historique	Lịch Sử
Humoristique	Hài Hước
Immersion	Ngâm
Inventif	Sáng Tạo
Lecteur	Người Đọc
Littéraire	Văn Học
Mots	Từ
Page	Trang
Pertinent	Có Liên Quan
Poème	Bài Thơ
Poésie	Thơ
Roman	Tiểu Thuyết
Série	Loạt
Tragique	Bi Kịch

Maison
Nhà Ở

Balai	Chổi
Bibliothèque	Thư Viện
Chambre	Phòng
Cheminée	Lò Sưởi
Clés	Chìa Khóa
Clôture	Hàng Rào
Cuisine	Nhà Bếp
Douche	Vòi hoa Sen
Fenêtre	Cửa Sổ
Garage	Ga-Ra
Grenier	Gác Xép
Jardin	Vườn
Lampe	Đèn
Miroir	Gương
Mur	Tường
Plafond	Trần
Porte	Cửa
Rideaux	Rèm Cửa
Tapis	Thảm
Toit	Mái Nhà

Mammifères
Động vật có Vú

Baleine	Cá Voi
Chat	Con Mèo
Cheval	Ngựa
Chien	Chó
Coyote	Coyote
Dauphin	Cá Heo
Éléphant	Con Voi
Girafe	Hươu cao Cổ
Gorille	Khỉ Đột
Kangourou	Kangaroo
Lapin	Thỏ
Lion	Sư Tử
Loup	Chó Sói
Mouton	Cừu
Ours	Gấu
Renard	Cáo
Singe	Khỉ
Taureau	Bò Đực
Tigre	Con Hổ
Zèbre	Ngựa Vằn

Mathématiques
Toán Học

Angles	Góc
Arithmétique	Số Học
Carré	Quảng Trường
Décimal	Thập Phân
Diamètre	Đường Kính
Exposant	Mũ
Équation	Phương Trình
Fraction	Phân Số
Géométrie	Hình Học
Parallèle	Song Song
Perpendiculaire	Vuông Góc
Périmètre	Chu Vi
Polygone	Đa Giác
Rayon	Bán Kính
Rectangle	Hình chữ Nhật
Somme	Tổng
Sphère	Cầu
Symétrie	Đối Xứng
Triangle	Tam Giác
Volume	Âm Lượng

Mesures
Các Phép Đo

Centimètre	Centimet
Degré	Trình Độ
Décimal	Thập Phân
Gramme	Gram
Hauteur	Chiều Cao
Kilogramme	Kilôgam
Kilomètre	Kilômét
Largeur	Chiều Rộng
Litre	Lít
Longueur	Chiều Dài
Masse	Khối Lượng
Mètre	Mét
Minute	Phút
Octet	Byte
Once	Ounce
Poids	Cân Nặng
Pouce	Inch
Profondeur	Độ Sâu
Tonne	Tấn
Volume	Âm Lượng

Méditation
Thiền

Acceptation	Chấp Nhận
Attention	Chú Ý
Calme	Lặng
Clarté	Rõ Ràng
Compassion	Thương Hại
Esprit	Lí Trí
Émotions	Cảm Xúc
Gentillesse	Lòng Tốt
Gratitude	Lòng Biết Ơn
Habitudes	Thói Quen
Mental	Tâm Thần
Mouvement	Phong Trào
Musique	Âm Nhạc
Nature	Thiên Nhiên
Observation	Quan Sát
Paix	Hòa Bình
Perspective	Quan Điểm
Posture	Tư Thế
Respiration	Thở
Silence	Im Lặng

Météo
Thời Tiết

Arc-En-Ciel	Cầu Vồng
Atmosphère	Không Khí
Brouillard	Sương Mù
Ciel	Bầu Trời
Climat	Khí Hậu
Glace	Nước Đá
Humide	Ẩm Ướt
Inondation	Lũ Lụt
Mousson	Gió Mùa
Nuage	Đám Mây
Ouragan	Cơn Bão
Polaire	Cực
Sec	Khô
Sécheresse	Hạn Hán
Température	Nhiệt Độ
Tempête	Bão Táp
Tonnerre	Sấm Sét
Tornade	Lốc Xoáy
Tropical	Nhiệt Đới
Vent	Gió

Mode
Thời Trang

Abordable	Phải Chăng
Boutique	Cửa Hàng
Boutons	Nút
Broderie	Nghề Thêu
Cher	Đắt
Dentelle	Ren
Élégant	Thanh Lịch
Minimaliste	Tối Giản
Moderne	Hiện Đại
Modeste	Khiêm Tốn
Modèle	Mẫu
Original	Gốc
Pratique	Thực Tế
Simple	Đơn Giản
Sophistiqué	Tinh Vi
Style	Phong Cách
Tendance	Xu Hướng
Texture	Kết Cấu
Tissu	Vải
Vêtements	Quần Áo

Musique
Âm Nhạc

Album	Album
Ballade	Ballad
Chanter	Hát
Chanteur	Ca Sĩ
Classique	Cổ Điển
Enregistrement	Ghi Âm
Harmonie	Hòa Hợp
Improviser	Ứng Biến
Instrument	Dụng Cụ
Lyrique	Trữ Tình
Mélodie	Giai Điệu
Microphone	Microphone
Musical	Âm Nhạc
Musicien	Nhạc Sĩ
Opéra	Opera
Poétique	Thơ
Rythme	Nhịp
Rythmique	Nhịp Nhàng
Tempo	Tiến Độ
Vocal	Giọng Hát

Mythologie
Thần Thoại

Archétype	Nguyên Mẫu
Catastrophe	Thảm Họa
Comportement	Hành Vi
Création	Sáng Tạo
Créature	Sinh Vật
Croyances	Niềm Tin
Culture	Văn Hoá
Éclair	Sét
Force	Sức Mạnh
Guerrier	Chiến Binh
Héros	Anh Hùng
Immortalité	Sự bất Tử
Jalousie	Ghen
Labyrinthe	Mê Cung
Légende	Truyền Thuyết
Magique	Huyền Diệu
Monstre	Quái Vật
Mortel	Có Chết
Tonnerre	Sấm
Vengeance	Trả Thù

Nature
Thiên Nhiên

Abeilles	Ong
Animaux	Động Vật
Arctique	Bắc Cực
Beauté	Vẻ Đẹp
Brouillard	Sương Mù
Désert	Sa Mạc
Dynamique	Năng Động
Érosion	Xói Mòn
Feuillage	Lá
Fleuve	Sông
Forêt	Rừng
Glacier	Sông Băng
Montagnes	Núi
Nuage	Đám Mây
Paisible	Hòa Bình
Sanctuaire	Thánh
Sauvage	Hoang Dã
Serein	Serene
Tropical	Nhiệt Đới
Vital	Quan Trọng

Nombres
Con Số

Cinq	Năm
Deux	Hai
Décimal	Thập Phân
Dix	Mười
Dix-Huit	Mười Tám
Dix-Neuf	Mười Chín
Dix-Sept	Mười Bảy
Douze	Mười Hai
Huit	Tám
Neuf	Chín
Quatorze	Mười Bốn
Quatre	Bốn
Quinze	Mười Lăm
Seize	Mười Sáu
Sept	Bảy
Six	Sáu
Treize	Mười Ba
Trois	Ba
Vingt	Hai Mươi
Zéro	Số Không

Nourriture #1
Thực Phẩm #1

Ail	Tỏi
Basilic	Húng Quế
Café	Cà Phê
Cannelle	Quế
Carotte	Cà Rốt
Citron	Chanh
Épinard	Rau Bina
Fraise	Dâu Tây
Jus	Nước Ép
Lait	Sữa
Navet	Củ Cải
Oignon	Hành
Orge	Lúa Mạch
Poire	Lê
Salade	Salad
Sel	Muối
Soupe	Súp
Sucre	Đường
Thon	Cá Ngừ
Viande	Thịt

Nourriture #2
Thực Phẩm #2

Amande	Hạnh Nhân
Aubergine	Cà Tím
Banane	Chuối
Blé	Lúa Mì
Brocoli	Bông cải Xanh
Cerise	Quả anh Đào
Céleri	Cần Tây
Champignon	Nấm
Chocolat	Sô cô La
Jambon	Giăm Bông
Kiwi	Quả Kiwi
Mangue	Trái Xoài
Oeuf	Trứng
Pain	Bánh Mì
Poisson	Cá
Pomme	Táo
Poulet	Gà
Raisin	Nho
Riz	Gạo
Tomate	Cà Chua

Nutrition
Dinh Dưỡng

Amer	Đắng
Appétit	Ngon
Calories	Calo
Comestible	Ăn Được
Diète	Ăn Kiêng
Digestion	Tiêu Hóa
Épices	Gia Vị
Équilibré	Cân Bằng
Fermentation	Lên Men
Glucides	Carbohydrate
Liquides	Chất Lỏng
Poids	Cân Nặng
Protéines	Protein
Qualité	Chất Lượng
Sain	Khỏe Mạnh
Santé	Sức Khỏe
Sauce	Nước Xốt
Saveur	Hương Vị
Toxine	Độc Tố
Vitamine	Vitamin

Océan
Đại Dương

Anguille	Lươn
Baleine	Cá Voi
Bateau	Thuyền
Corail	San Hô
Crabe	Cua
Crevette	Tôm
Dauphin	Cá Heo
Éponge	Bọt Biển
Huître	Hàu
Marées	Thủy Triều
Méduse	Sứa
Poisson	Cá
Poulpe	Bạch Tuộc
Requin	Cá Mập
Récif	Trả Lại
Sel	Muối
Tempête	Bão Táp
Thon	Cá Ngừ
Tortue	Rùa
Vagues	Sóng

Oiseaux
Chim

Aigle	Đại Bàng
Autruche	Đà Điểu
Canard	Vịt
Cigogne	Cò
Colombe	Yêu
Corbeau	Con Quạ
Coucou	Chim Cu
Cygne	Thiên Nga
Héron	Diệc
Manchot	Chim Cánh Cụt
Moineau	Chim Sẻ
Mouette	Mòng Biển
Oeuf	Trứng
Oie	Ngỗng
Paon	Công
Perroquet	Con Vẹt
Pélican	Bồ Nông
Pigeon	Chim bồ Câu
Poulet	Gà
Toucan	Toucan

Pays #1
Quốc gia số 1

Afghanistan	Afghanistan
Allemagne	Đức
Argentine	Argentina
Brésil	Brazil
Canada	Canada
Espagne	Tây ban Nha
Équateur	Ecuador
Finlande	Phần Lan
Inde	Ấn Độ
Israël	Israel
Libye	Libya
Mali	Mali
Maroc	Morocco
Nicaragua	Nicaragua
Norvège	Na Uy
Panama	Panama
Philippines	Philippines
Pologne	Ba Lan
Roumanie	Romania
Venezuela	Venezuela

Pays #2
Quốc gia # 2

Albanie	Albania
Chine	Trung Quốc
Danemark	Đan Mạch
France	Pháp
Haïti	Haiti
Indonésie	Indonesia
Irlande	Ireland
Jamaïque	Jamaica
Japon	Nhật Bản
Kenya	Kenya
Laos	Lào
Liban	Lebanon
Mexique	Mexico
Ouganda	Uganda
Pakistan	Pakistan
Russie	Nga
Somalie	Somalia
Soudan	Sudan
Syrie	Syria
Ukraine	Ukraina

Paysages
Phong Cảnh

Cascade	Thác Nước
Colline	Đồi
Désert	Sa Mạc
Estuaire	Cửa Sông
Fleuve	Sông
Glacier	Sông Băng
Golfe	Vịnh
Grotte	Hang
Île	Đảo
Lac	Hồ
Marais	Đầm Lầy
Mer	Biển
Montagne	Núi
Oasis	Ốc Đảo
Océan	Đại Dương
Péninsule	Bán Đảo
Plage	Bãi Biển
Toundra	Lãnh Nguyên
Vallée	Thung Lũng
Volcan	Núi Lửa

Pêche
Đánh bắt Cá

Appât	Mồi
Bateau	Thuyền
Branchies	Mang
Crochet	Móc
Cuire	Nấu
Eau	Nước
Exagération	Phóng Đại
Équipement	Thiết Bị
Fil	Dây
Fleuve	Sông
Lac	Hồ
Mâchoire	Hàm
Océan	Đại Dương
Panier	Cái Rổ
Patience	Kiên Nhẫn
Plage	Bãi Biển
Poids	Cân Nặng
Saison	Mùa

Philanthropie
Hoạt Động từ Thiện

Besoin	Cần
Buts	Mục Tiêu
Charité	Từ Thiện
Communauté	Cộng Đồng
Contacts	Liên Lạc
Enfants	Trẻ Em
Finance	Tài Chính
Fonds	Quỹ
Gens	Người
Générosité	Thế Hệ
Global	Toàn Cầu
Groupes	Nhóm
Histoire	Lịch Sử
Honnêteté	Trung Thực
Humanité	Nhân Loại
Jeunesse	Thanh Niên
Mission	Nhiệm Vụ
Programmes	Chương Trình
Public	Công Cộng

Physique
Vật Lý

Accélération	Gia Tốc
Atome	Nguyên Tử
Chaos	Hỗn Loạn
Chimique	Hóa Chất
Densité	Mật Độ
Expansion	Mở Rộng
Électron	Điện Tử
Formule	Công Thức
Fréquence	Tần Số
Gaz	Khí
Gravité	Trọng Lực
Magnétisme	Từ Tính
Masse	Khối Lượng
Mécanique	Cơ Khí
Molécule	Phân Tử
Moteur	Động Cơ
Nucléaire	Hạt Nhân
Particule	Hạt
Universel	Phổ
Vitesse	Tốc Độ

Plage
Trên bãi Biển,

Bateau	Thuyền
Bleu	Màu Xanh
Coquilles	Vỏ
Côte	Bờ Biển
Crabe	Cua
Dock	Dock
Île	Đảo
Lagune	Đầm
Mer	Biển
Océan	Đại Dương
Parapluie	Ô
Récif	Trả Lại
Sable	Cát
Sandales	Dép
Serviette	Khăn
Soleil	Mặt Trời
Vacances	Kỳ Nghỉ
Voilier	Thuyền Buồm

Plantes
Cây

Arbre	Cây
Baie	Quả Mọng
Bambou	Tre
Botanique	Thực vật Học
Buisson	Bụi Cây
Cactus	Xương Rồng
Engrais	Phân Bón
Feuillage	Lá
Fleur	Hoa
Flore	Flora
Forêt	Rừng
Grandir	Lớn Lên
Haricot	Hạt Đậu
Herbe	Cỏ
Jardin	Vườn
Lierre	Ivy
Mousse	Rêu
Pétale	Cánh Hoa
Racine	Nguồn Gốc
Végétation	Thực Vật

Professions #1

Nghề Nghiệp số 1

Ambassadeur	Đại Sứ
Artiste	Nghệ Sĩ
Avocat	Luật Sư
Banquier	Ngân Hàng
Bijoutier	Jeweler
Chasseur	Thợ Săn
Comptable	Kế Toán
Danseur	Vũ Công
Éditeur	Biên tập Viên
Géologue	Nhà địa Chất
Infirmière	Y Tá
Marin	Thủy Thủ
Médecin	Bác Sĩ
Musicien	Nhạc Sĩ
Pianiste	Nghệ sĩ Piano
Plombier	Plumber
Pompier	Lính cứu Hỏa
Scientifique	Nhà Khoa Học
Tailleur	Thợ May
Vétérinaire	Bác sĩ thú Y

Professions #2

Nghề Nghiệp số 2

Agriculteur	Nông Dân
Astronaute	Phi Hành Gia
Bibliothécaire	Thủ Thư
Chimiste	Nhà hóa Học
Dentiste	Nha Sĩ
Détective	Thám Tử
Enseignant	Giáo Viên
Éditeur	Nhà Xuất Bản
Illustrateur	Hoạ
Ingénieur	Kỹ Sư
Journaliste	Nhà Báo
Linguiste	Nhà Ngôn Ngữ
Médecin	Bác Sĩ
Peintre	Họa Sĩ
Philosophe	Triết Gia
Photographe	Nhiếp ảnh Gia
Pilote	Phi Công
Politicien	Chính trị Gia
Professeur	Giáo Sư

Psychologie

Tâm lý Học

Clinique	Lâm Sàng
Comportement	Hành Vi
Conflit	Xung Đột
Ego	Cái Tôi
Enfance	Thời thơ Ấu
Expériences	Kinh Nghiệm
Émotions	Cảm Xúc
Évaluation	Đánh Giá
Idées	Ý Tưởng
Inconscient	Bất Tỉnh
Pensées	Suy Nghĩ
Perception	Nhận Thức
Personnalité	Cá Tính
Problème	Vấn Đề
Rendez-Vous	Cuộc Hẹn
Réalité	Thực Tế
Rêves	Giấc Mơ
Sensation	Cảm Giác
Subconscient	Tiềm Thức
Thérapie	Trị Liệu

Randonnée

Đi bộ Đường Dài

Animaux	Động Vật
Bottes	Giày Ống
Camping	Cắm Trại
Carte	Bản Đồ
Climat	Khí Hậu
Dangers	Mối Nguy Hiểm
Eau	Nước
Falaise	Vách Đá
Fatigué	Mệt
Guides	Hướng Dẫn
Lourd	Nặng
Météo	Thời Tiết
Montagne	Núi
Nature	Thiên Nhiên
Orientation	Sự Định Hướng
Parcs	Công Viên
Pierres	Đá
Préparation	Chuẩn Bị
Sauvage	Hoang Dã
Soleil	Mặt Trời

Restaurant #2

Nhà Hàng số 2

Boisson	Đồ Uống
Chaise	Ghế
Cuillère	Cái Thìa
Déjeuner	Bữa Trưa
Délicieux	Ngon
Dîner	Bữa Tối
Eau	Nước
Épices	Gia Vị
Fourchette	Cái Nĩa
Fruit	Trái Cây
Gâteau	Bánh
Glace	Băng
Légumes	Rau
Nouilles	Mì
Oeuf	Trứng
Poisson	Cá
Salade	Salad
Sel	Muối
Serveur	Phục vụ Nam
Soupe	Súp

Santé et Bien-Être #1

Sức Khỏe và sức Khỏe # 1

Actif	Hoạt Động
Bactéries	Vi Khuẩn
Blessure	Chấn Thương
Faim	Đói
Fracture	Gãy Xương
Habitude	Thói Quen
Hauteur	Chiều Cao
Hormone	Kích Thích Tố
Médecin	Bác Sĩ
Médicament	Thuốc
Muscles	Cơ Bắp
Os	Xương
Peau	Da
Pharmacie	Tiệm Thuốc
Posture	Tư Thế
Relaxation	Thư Giãn
Réflexe	Phản Xạ
Thérapie	Trị Liệu
Traitement	Điều Trị
Virus	Vi Rút

Santé et Bien-Être #2
Sức Khỏe và sức Khỏe # 2

Allergie	Dị Ứng
Anatomie	Giải Phẫu Học
Appétit	Ngon
Calorie	Calo
Corps	Cơ Thể
Déshydratation	Mất Nước
Énergie	Năng Lượng
Génétique	Di Truyền
Hôpital	Bệnh Viện
Hygiène	Vệ Sinh
Infection	Nhiễm Trùng
Maladie	Bệnh
Massage	Xoa Bóp
Nutrition	Dinh Dưỡng
Poids	Cân Nặng
Récupération	Phục Hồi
Sain	Khỏe Mạnh
Sang	Máu
Stress	Căng Thẳng
Vitamine	Vitamin

Science
Khoa Học

Atome	Nguyên Tử
Chimique	Hóa Chất
Climat	Khí Hậu
Données	Dữ Liệu
Expérience	Thí Nghiệm
Évolution	Tiến Hóa
Fait	Thực Tế
Fossile	Hóa Thạch
Gravité	Trọng Lực
Hypothèse	Giả Thuyết
Méthode	Phương Pháp
Minéraux	Khoáng Sản
Molécules	Phân Tử
Nature	Thiên Nhiên
Observation	Quan Sát
Particules	Hạt
Physique	Vật Lý
Plantes	Cây
Scientifique	Nhà Khoa Học

Science-Fiction
Khoa học Viễn Tưởng

Atomique	Nguyên Tử
Dystopie	Dystopia
Explosion	Nổ
Extrême	Cực
Fantastique	Tuyệt Vời
Feu	Lửa
Futuriste	Tương Lai
Galaxie	Thiên Hà
Illusion	Ảo Giác
Imaginaire	Tưởng Tượng
Livres	Sách
Lointain	Xa Xôi
Monde	Thế Giới
Mystérieux	Bí Ẩn
Oracle	Oracle
Planète	Hành Tinh
Réaliste	Thực Tế
Scénario	Kịch Bản
Technologie	Công Nghệ
Utopie	Utopia

Technologie
Công Nghệ

Affichage	Trưng Bày
Blog	Blog
Caméra	Máy Ảnh
Curseur	Con Trỏ
Données	Dữ Liệu
Écran	Màn
Fichier	Tập Tin
Internet	Internet
Logiciel	Phần Mềm
Message	Thông Điệp
Navigateur	Trình Duyệt
Numérique	Kỹ Thuật Số
Octets	Nội
Ordinateur	Máy Tính
Police	Chữ
Recherche	Nghiên Cứu
Sécurité	An Ninh
Statistiques	Thống Kê
Virtuel	Ảo
Virus	Vi Rút

Temps
Thời Gian

Année	Năm
Annuel	Hàng Năm
Après	Sau
Avant	Trước
Bientôt	Sớm
Calendrier	Lịch
Décennie	Thập Kỷ
Futur	Tương Lai
Heure	Giờ
Hier	Hôm Qua
Horloge	Đồng Hồ
Jour	Ngày
Maintenant	Bây Giờ
Matin	Buổi Sáng
Midi	Buổi Trưa
Minute	Phút
Mois	Tháng
Nuit	Đêm
Semaine	Tuần
Siècle	Thế Kỷ

Types de Cheveux
Các Loại Tóc

Argent	Bạc
Blanc	Trắng
Blond	Tóc Vàng
Boucles	Curls
Brillant	Sáng Bóng
Chauve	Hói
Coloré	Màu
Court	Ngắn
Doux	Mềm
Épais	Dày
Frisé	Xoăn
Gris	Màu Xám
Long	Dài
Marron	Màu Nâu
Mince	Mỏng
Noir	Đen
Sain	Khỏe Mạnh
Sec	Khô
Tresses	Braids
Tressé	Bện

Vacances #2

Kỳ Nghỉ số 2

Aéroport	Sân Bay
Camping	Cắm Trại
Carte	Bản Đồ
Destination	Điểm Đến
Étranger	Ngoại Quốc
Hôtel	Khách Sạn
Île	Đảo
Loisir	Giải Trí
Mer	Biển
Montagnes	Núi
Passeport	Hộ Chiếu
Photos	Ảnh
Plage	Bãi Biển
Taxi	Xe tắc Xi
Tente	Lều
Train	Xe Lửa
Transport	Vận Chuyển
Vacances	Ngày Lễ
Visa	Thị Thực
Voyage	Hành Trình

Vertus #1

Đức Hạnh số 1

Artistique	Nghệ Thuật
Bon	Tốt
Charmant	Quyến Rũ
Curieux	Tò Mò
Décisif	Quyết Định
Drôle	Buồn Cười
Efficace	Hiệu Quả
Fiable	Đáng tin Cậy
Généreux	Rộng Lượng
Imaginatif	Tưởng Tượng
Indépendant	Độc Lập
Intelligent	Thông Minh
Modeste	Khiêm Tốn
Passionné	Đam Mê
Patient	Kiên Nhẫn
Pratique	Thực Tế
Propre	Dọn Dẹp
Sage	Khôn Ngoan
Utile	Hữu Ích

Véhicules

Xe Cộ

Ambulance	Xe cứu Thương
Avion	Máy Bay
Bateau	Thuyền
Bus	Xe Buýt
Camion	Xe Tải
Caravane	Caravan
Ferry	Phà
Fusée	Tên Lửa
Métro	Xe Điện Ngầm
Moteur	Động Cơ
Pneus	Lốp
Radeau	Bè
Scooter	Xe tay Ga
Sous-Marin	Tàu Ngầm
Taxi	Xe tắc Xi
Tracteur	Máy Kéo
Train	Xe Lửa
Van	Van
Vélo	Xe Đạp
Voiture	Xe Hơi

Vêtements

Quần Áo

Bijoux	Trang Sức
Bracelet	Vòng Tay
Ceinture	Thắt Lưng
Chapeau	Mũ
Chaussure	Giày
Chemise	Áo sơ Mi
Chemisier	Áo Cánh
Collier	Vòng Cổ
Foulard	Khăn Quàng Cổ
Gants	Găng Tay
Jeans	Quần Jean
Jupe	Váy
Mode	Thời Trang
Pantalon	Quần
Pull	Áo Len
Pyjama	Pajama
Robe	Ăn
Sandales	Dép
Tablier	Tạp Dề
Veste	Áo Khoác

Félicitations

Vous avez réussi !

Nous espérons que vous avez apprécié ce livre autant que nous avons pris plaisir à le concevoir. Nous faisons de notre mieux pour créer des livres de la meilleure qualité possible.
Cette édition est conçue pour permettre un apprentissage intelligent et de qualité en se divertissant !

Vous avez aimé ce livre ?

Une Simple Demande

Nos livres existent grâce aux avis que vous publiez. Pourriez-vous nous aider en laissant un avis maintenant ?

Voici un lien rapide qui vous mènera à votre page d'évaluation de vos commandes :

BestBooksActivity.com/Avis50

CHALLENGE FINAL !

Défi n°1

Êtes-vous prêt pour votre jeu bonus ? Nous les utilisons tout le temps mais ils ne sont pas si faciles à trouver. Voici les Synonymes !

Notez 5 mots que vous avez trouvés dans les puzzles notés ci-dessous (n°21, n°36, n°76) et essayez de trouver 2 synonymes pour chaque mot.

*Notez 5 Mots du **Puzzle 21***

Mots	Synonyme 1	Synonyme 2

*Notez 5 Mots du **Puzzle 36***

Mots	Synonyme 1	Synonyme 2

*Notez 5 Mots du **Puzzle 76***

Mots	Synonyme 1	Synonyme 2

Défi n°2

Maintenant que vous vous êtes échauffé, notez 5 mots que vous avez découverts dans les Puzzles n° 9, n° 17, n° 25 et essayez de trouver 2 antonymes pour chaque mot. Combien pouvez-vous en trouver en 20 minutes ?

*Notez 5 Mots du **Puzzle 9***

Mots	Antonyme 1	Antonyme 2

*Notez 5 Mots du **Puzzle 17***

Mots	Antonyme 1	Antonyme 2

*Notez 5 Mots du **Puzzle 25***

Mots	Antonyme 1	Antonyme 2

Défi n°3

Formidable ! Ce défi final  n'est rien pour vous.

Prêt pour le dernier défi ? Choisissez 10 mots que vous avez découverts parmi les différents puzzles et notez-les ci-dessous.

1.	6.
2.	7.
3.	8.
4.	9.
5.	10.

Maintenant, composez un texte en pensant à une personne, un animal ou un lieu que vous aimez !

Astuce: Vous pouvez utiliser la dernière page de ce livre comme brouillon !

Votre Composition :

CARNET DE NOTES :

À TRÈS BIENTÔT !

Toute l'équipe

www.ingramcontent.com/pod-product-compliance
Lightning Source LLC
Chambersburg PA
CBHW082211120626
46553CB00010B/3096
* 9 7 9 8 8 9 6 7 0 6 4 0 3 *